サムライブルーの料理人　3・11後の福島から

西　芳照

白水社

サムライブルーの料理人　3・11後の福島から

目次

装幀　天野昌樹

はじめに

あの日も、私は日本サッカーのナショナルトレーニングセンター「Jヴィレッジ」（福島県双《ふた》葉《ば》郡楢《なら》葉《は》町）にあるレストラン「アルパインローズ」の総料理長として、いつもと変わらず忙しい一日を送っていました。

二〇一一年三月十一日、午後二時四十六分――ランチの片付けを終え、外に出て一息つこうと仙台にいる妻と携帯電話で話していたそのときでした。今まで経験したことのない、あの大きな地震が襲ってきたのです。Jヴィレッジがオープンしてから約十五年にわたって続いてきた日常が破壊された瞬間でした。

Jヴィレッジの体育館は避難所となり、午後四時頃からスタッフと協力して炊き出しの準備を始めました。楢葉町の小学校の体育館が人でいっぱいになったので、遠方からも夜遅くまで多くの人たちが食べ物や暖を求めてやって来ました。

津波が多くの町を襲ったと知った時の驚きと悲しみを言葉にすることは、今でも難しいことです。

東京電力福島第一原子力発電所が津波の影響を受け、原子力緊急事態宣言が発令されていたことなどは、そのときには何も伝わってきていませんでした。

翌三月十二日、福島第一原発から二〇キロ圏内は、避難指示が出された後に警戒区域に指定されました。ちょうど二〇キロに位置するＪヴィレッジに避難していた人たちは、全員、いわき市内の避難所に移ることになりました。それにともない、Ｊヴィレッジは営業停止。国の仲介により東京電力への貸与が決定し、三月十五日から原発事故収束に向けての前線基地として、自衛隊や東電関係者、原発関連業者などが利用することになりました。サッカーの聖地は、原発事故対応の拠点となったのです。

南相馬《みなみそうま》市小高《おだか》区にある実家も二〇キロ圏内にあり、警戒区域に指定されたため、私は家族と東京に避難し、しばらくは東京で暮らすことになりました。

震災後はじめてＪヴィレッジに戻ったのは、三月二十七日のことです。青々としていたピッチには砂利が敷かれて、大きな消防車と戦車が道を塞いでいました。それを見た時の衝撃は忘れられません。館内に入ると、日中にもかかわらず、階段や廊下にダンボールを敷いて、作業員の人たちが寝ています。施設の変わり果てた姿に言葉を失いました。調理場では、床一面に割れた食器が散乱し、瓦礫の山になっていました。ここが長年お世話になった仕事場なのかと、私は茫然と立ちつくすしかありませんでした。それらの片付けをするために、毎週のようにＪヴィレッジに通いました。

私は東京からＪヴィレッジに通いながら、東京と福島の現状との温度差をひしひしと感じるようになりました。

東京にいても、気になるのは、福島、そしてJヴィレッジのことばかりで、日増しに生まれ育った故郷への思いが募ってきました。Jヴィレッジは、私とサッカーを結びつけてくれた宝物でもあるのですから。

Jヴィレッジで働きながら、私はサッカー日本代表の専属シェフとして、かけがえのない素晴らしい経験をさせてもらいました。二〇〇四年三月にシンガポールで行なわれたワールドカップドイツ大会アジア地区予選が最初の帯同でした。それから、ワールドカップドイツ大会、南アフリカ大会を経て、現在もアルベルト・ザッケローニ監督のもとで、二〇一四年のブラジル大会への出場を決めたチームとともに、準備を進めています。

〝サッカーファミリー〟という言葉に表われているように、サッカーにかかわる皆が家族だという思いを共有しています。震災以降、選手たち、日本サッカー協会の関係者、日本代表のスタッフやサポーターの方々などからは多くの励ましの言葉をいただき、心の支えとなっていました。

震災からちょうど五ヶ月になろうとしていた八月、私に、ある申し出がありました。原発事故の収束に向けて現場で働いている作業員のために、Jヴィレッジで温かい食事を提供してくれないか、と。そして、それを今後Jヴィレッジが再オープンする際の足がかりとしたいということでした。

私は、生まれてから高校を卒業するまでと、Jヴィレッジのレストランで働いた期間を合わせれば三十三年間、福島で暮らしてきました。この福島のため、Jヴィレッジの再オープンに向けて、自分にできることをしよう。そう考えて、町に戻る決意を固めたのです。

Jヴィレッジ内の合宿選手用食堂「ハーフタイム」の営業を二〇一一年九月に再開しました。そして、Jヴィレッジに隣接する広野《ひろの》町の「緊急時避難準備区域」の指定が解除されたことを受けて、十一月一日、広野町二ツ沼《ふたつぬま》総合公園内にレストラン「アルパインローズ」をオープンしたのです。それまでは、人影がなく、淋しい、真っ暗な町でした。このレストランが広野町の復興のシンボルとなり、町ににぎわいが戻るきっかけになればと、私は希望に燃えていました。

しかしながら、福島に戻ってからの道のりは、平坦ではありませんでした。店をオープンすれば、いずれ町の人たちが戻ってきて、活気ある町を取り戻せるのではと、安易に考え過ぎていたのかもしれません。住民の人たちが戻ってくる気配はなく、店の経営も苦しい時期が続きました。考えてみれば、それは仕方のないことでした。原発事故の収束の見通しが立たない中で、特に小さいお子さんがいる家族は、町に戻りたくても戻れないのが現状です。私は自分の見通しが甘いだけでなく、「活気ある町を取り戻す」などと言っていた自分に、なんて自分勝手で、浅はかな考えだったんだろうと、深く恥じ入りました。

二〇一四年、震災から三年が過ぎました。

広野町に戻ってきている住民は、二〇一四年三月の時点で、一三九九人。まだ全体の二一・六割です。町では、残された人、残ろうとしている人、皆が一緒になって支え合っていこうという新たな絆が生まれ、強くなっていきました。風評被害に苦しむ地元の農家の方々との交流も生まれました。

あの日からさまざまなことが変わりました。この本では、私が見た震災から三年の道のりを辿っていきたいと思います。この三年間は、失われた日常を取り戻すための戦いでもありました。

Ｊヴィレッジや町がどう変化し、人と人とのつながりがどのように変わっていったのか。震災後のサッカー日本代表の海外遠征についてなど、食とサッカーを通して、この間に改めて実感したことや学んだことなどを記していきます。そして最後に、福島のあるべき未来について考えていきたいと思います。

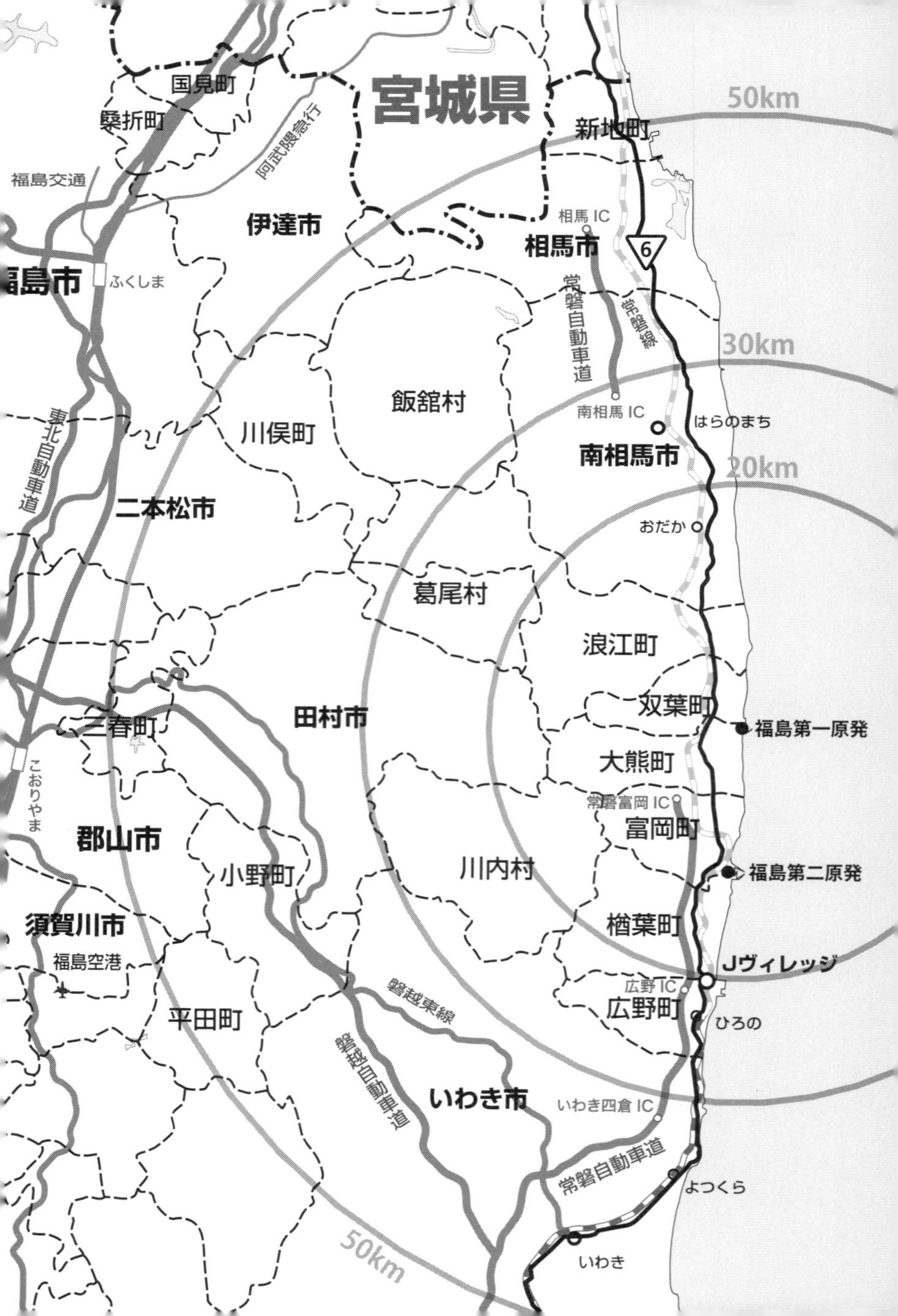

宮城県
国見町
桑折町
阿武隈急行
福島交通
新地町
50km
伊達市
相馬 IC
相馬市
6
福島市
ふくしま
常磐自動車道
常磐線
30km
飯舘村
南相馬 IC
はらのまち
川俣町
南相馬市
東北自動車道
20km
二本松市
おだか
葛尾村
浪江町
双葉町
福島第一原発
三春町
田村市
大熊町
こおりやま
常磐富岡 IC
富岡町
郡山市
小野町
川内村
福島第二原発
須賀川市
楢葉町
福島空港
Jヴィレッジ
広野 IC
広野町
ひろの
平田町
磐越東線
磐越自動車道
いわき市
いわき四倉 IC
常磐自動車道
よつくら
いわき
50km

第一章 忘れられない３・11

Jヴィレッジとの運命的な出会い

一九九七年に誕生した日本サッカー初のナショナルトレーニングセンター、Jヴィレッジ。天然芝のピッチ一〇面に人工芝のピッチ一面、フットサル用コート、テニスコート、フィットネス施設に屋内アリーナ、プール、五千人収容できるスタジアム……さらにはホテル、レストランなども備わった福島県双葉郡楢葉町、広野町にまたがる巨大なスポーツ施設です。Jヴィレッジは男女のサッカー日本代表、アンダー世代の年代別代表から小学生チームの合宿まで、プロアマ問わず、幅広い層の人々に利用されてきました。プールやフィットネスは普段は地域住民の方がおもに利用してスポーツに親しんでいました。レストランは、地元の方々が家族連れでランチに、夜は地域の方々の会合などにもよく利用され、憩いの場にもなっていたのです。

福島県南相馬市小高区出身の私は、高校卒業後に上京して料理人としての修業を積み、懐石料理店の料理長などを経て、九七年にこのJヴィレッジのオープンにあわせて故郷に戻ってきました。福島に戻ろうと決断したのは、農業をしている両親のことが気になっていましたし、小学五年生、三年生の娘たちを自然豊かな風土で育てたいとの思いがあったからです。それに私自身、故郷に対する強い思い入れもありました。そして何よりJヴィレッジそのものに大きな夢を抱いていました。

ここに来るのは運命だったのではないかと思うほど、Jヴィレッジには縁を感じました。

震災前のＪヴィレッジ全景

浜通り一のホテルにしたい。サッカーやスポーツが大好きな人たちの聖地となるよう、料理人という立場から力になっていきたいと思いました。以後、サッカーそのものにも深くかかわっていくことになり、日本代表の専属シェフとして海外遠征に帯同させていただくようにもなりました。〝食とサッカー〟が私の日常になっていったのです。

私はプロスポーツ選手の体づくりのために必要な食事や、育ち盛りの子どもたちのための食事など、いろいろと学びながら試行錯誤を重ねてきました。セットメニューからビュッフェスタイルに切り替えたり、ホールでお寿司を握ったり、夏は屋外の屋台でたこ焼きやパスタなどをつくりながら子どもたちとふれ合うようにしたり、楽しんで食事をしていただけるように私なりにいろいろと工夫をしてきたつもりです。

選手の皆さんが何日間も施設で過ごす場合、同じ料理、同じメニューばかりでは飽きてしまいます。合宿中、食事の時間は憩いの場であり、数少ない楽しみのひとつ。ぜったいにがっかりさせたくはありません。英気を養い、練習を頑張ろうと思ってもらえるような食事を提供するよう日々の献立に心を配り、頭を悩ませてつくった食事を「おいしい」と言ってもらえることが、何よりもの喜びでした。

この仕事は多くの人たちと交流を持てることも魅力です。Ｊヴィレッジは「ＪＦＡアカデミー福島」の活動拠点になっていました。アカデミーとは「中高一貫教育により、能力の高い者に良い指導、良い環境を与え、長期的視野に立ち、集中的に育成する」ことだとＪＦＡのホームページに記されています。つまりサッカーの才能に恵まれた子どもたちを集め、エリート教育を行なう機関です。未来のＪリーガー、日本を代表する選手たちがここから生まれるかもしれません。そして肉体的にだけでなく、精神的にも成長していく子どもたちの姿を見届けられることが楽しみでした。アカデミーの女子生徒たちが、春と夏にレストランでアルバイトをしてくれることもありました。社会勉強として、教育カリキュラムに組まれていたのです。私は忙しくなると遠慮なく「おーい、手伝ってくれ」と声をかけました。私にとってもかわいいアカデミーの子どもたち。皆のためにしっかりとした食事をつくることが私の使命でした。

充実していた私の一日

Jヴィレッジには二つの食事施設「ハーフタイム」と「アルパインローズ」があります。「ハーフタイム」はおもに合宿中の選手の皆さんに食事を提供するところ。まさにその名のとおり、〝中休みの大事な時間〟として使っていただくことがコンセプトでした。メインのレストランである「アルパインローズ」とは、福島県の県花である石楠花（シャクナゲ）の英名から取ったものです。

「アルパインローズ」では、春はお花見バイキング、夏はビアバイキングというふうに、近海の魚や近くを流れる木戸川の鮎、遡上のために戻ってくる鮭、春の山菜、秋のキノコなど、季節ごとの地元の豊かな食材を生かし、色彩豊かな食事を提供することで地元の家族連れのお客様も楽しめるように工夫してきました。宴会が開かれることも多く、馴染みのお客さんがたくさん足を運んでくれます。仕事が終わったときに私も一杯、ここで嗜むこともありました。やり甲斐のある仕事と人々の温もり。十五年もの間、私は充実した毎日を送っていたのです。

私の一日は、八時起床で始まりました。南相馬にある実家から車で一時間ほどかけて、Jヴィレッジに通勤します。その頃には二人の娘も大学を卒業して東京で働いていたので、私は高齢の両親と一緒に暮らしていました。

ここに通うまでは楢葉町、広野町に来たことなどほとんどありませんでした。記憶にあるのは高校生の頃に楢葉町にある「天神岬《てんじんみさき》スポーツ公園」を訪れたことぐらいです。何か用事があれば、仙台のほうに行っていました。

車の中で一日のスケジュールやメニューのことをあれこれと考えながら九時前にＪヴィレッジに到着します。

Ｊヴィレッジにはフロント業務の人や清掃業務の人など九〇～一〇〇人ほどのスタッフが働いていました。そのうちレストランのスタッフは半分近い四〇人ほどいて、かなりの大所帯です。二つのレストランで昼と夜の食事を提供しなければならないのですから、これでも十分とはいえません。メニューは管理栄養士の村上さんと一緒に考えていました。私は総料理長という重い役職をいただき、厨房の責任者でもありました。

日本一のトレーニング施設でサッカーができる、宿泊できるというワクワクした気持ちをふくらませて、全国からお客様が集まるのです。その思いに応えられるように、料理に対しても日々真剣に取り組むという基本姿勢を、私もスタッフも常に徹底するように心がけていました。

ランチ業務を終えると、休憩時間に入る前に〝朝礼〟をやるのが日課でした。スタッフが毎日交替で進行役を務め、衛生チェックに始まって注意事項、連絡事項を確認します。一人ひとり、何か思っていることがあれば進んで発言してもらい、活気あるレストランにしたいと考えていました。新しいメニューや、仕入れのことなどについて、最後に私からも一言、付け加えていました。一人ひとりの顔を見ながら、元気かどうかまで確認できる大切な時間でもあったのです。

私はＪヴィレッジから見える風景が大好きでした。サッカーをしている風景、そして自然豊かな風景……。

仕事上、ほぼレストランと事務所にいる生活ですから、息抜きと言っても施設の外に出ることはほとんどありません。朝礼を終えて、まかないのご飯をささっと食べてから、屋外にある長椅子に座って、スタッフと一緒によくサッカーの試合を見ていました。「あの子うまいね」「あの子頑張ってるね」といった話をしながら。春や夏は、風が心地よく、サッカー観戦には最高でした。選手や子どもたちの活気ある声、見ている人たちの応援する声を耳に入れるだけで、何だかパワーをもらっているような感じがしました。

私にはお気に入りの風景もありました。一〇面もある天然芝のピッチには番号がついていて、「アルパインローズ」の目の前にある三番ピッチは「代表ピッチ」と呼ばれていました。日本代表などが来たときに使用する特別なピッチなので、使われないことが多いのです。常に丁寧に整備され、青々としたあのピッチを眺めると、何だか気持ちが安らぎました。何か悩みごとがあるときなど、ボーッと眺めるだけで心が解放されていくように思えたのです。

ピッチの芝は、さまざまな色を見せてくれます。日差しを受けて黄金色になったり、夕暮れ時には赤みがかったり。そして遠方には太平洋がのぞめます。午後三時頃になると決まって、フェリーが海を渡っていくのです。海の色も毎日同じではありません。穏やかで色彩豊かな風景も、たまらない魅力でした。

いつもと変わらない朝

二〇一一年三月十一日。

その日は私にとって生涯忘れられない一日となりました。

前日は仕込みなどで遅くまで仕事をし、南相馬の実家から午前九時に出勤して仕事に取りかかりました。

暦は三月ながら、東北の春はまだまだ先でした。風こそ穏やかで日も照っていましたが、かなり寒かったことを記憶しています。

いつもの週末と比べて、この日はとても忙しく働いていました。中国からやってきた日本人学校の子どもたち三〇人をふくめて、ホテルも満室状態。高齢者の方が集まってプールでフィットネスをしたり、サッカーの合宿があったりとにぎわっていました。二〇〇人以上のお客さんが利用する予定でした。

こういうときの厨房は、もう〝戦場〟です。スタッフ総がかりでランチのバイキングを終え、朝礼をして注意事項、連絡事項を確認しました。夜は「アルパインローズ」で宴会が入っていたので、私はランチの片付けをしながら、夜の仕込みに取りかかっていました。

ようやく一段落ついて、外の空気でも吸おうと屋外に出ました。時計の針は午後二時半を回っていたと思います。

建物の中にいたので気づかなかったのですが、外の天気は変わり始めていました。風が出てきて、雪がはらはらと舞っています。吸い込んだタバコの煙をフーッと吐くと、煙と混ざる白い息が揺れていく。何気なく私は、その煙の行方を眺めていました。

一服しながら仙台にいる妻に電話を入れました。妻と言っても、そのときはまだ結婚はしていません。離婚して数年が経ったあるとき、高校時代の同級生だった彼女と再会を果たし、子どもたちが独立したタイミングで交際するようになっていました。いずれ籍を入れようとは考えていました。妻と話していた、ちょうどそのときでした。

午後二時四十六分――。

話していた彼女が「うわっ」と突然、驚いた声を上げました。

「何だ！　どうした」と聞くと、「地震、すごい地震よ。かなり大きい地震」と声が悲鳴に変わりました。

ぶつっと電話が切れて間もなくのことでした。地響きを立てながら、あの地震が静かに襲ってきたのです。それがどんどんと大きくなっていき、一向におさまる気配すらありません。今まで経験したことのない激しい揺れでした。

ゴオーッという地鳴り。

Jヴィレッジの裏口、従業員の出入り口の長椅子に座っていた私は、ただただ椅子にしがみついているしかありません。外にいても、厨房やレストランの食器が落ちて音を立てて割れる激しい音が聞こえてきました。私の体は恐怖で震えていました。

Jヴィレッジは免震構造になっていて、震度1、2程度では揺れを感じません。しかしこのときばかりは館内から次々とお客さんが溢れるように外に出てきました。プールからは高齢者の方々が水着で裸足のまま飛び出してきて、寒さと恐怖で体を震わせていました。立っていられないくらいの余震がまた来て、「キャーッ」という大きな悲鳴が響き渡りました。館内は停電になり、日中なのに夜の暗闇に包まれました。風がますます強くなっていき、気がつけば吹雪に変わっていました。

外は暗くて寒くて、皆が不安な思いで立ちつくしていました。しかしあれだけの揺れがあった以上、館内には戻れません。物が落ちてきたり、壊れたりする可能性があり、安全の確認が取れるまでは外で待つしかなかったのです。

余震が少しずつおさまってくると、職員、スタッフ、関係者が協力して、まずはこの寒さをしのぐことを考えました。Jヴィレッジで活動するなでしこリーグのチーム、東京電力マリーゼのゼネラルマネジャーを務める小野俊介さんは、選手用の冬用のコートやトレーニングウェアをありったけ持ち出して「これを使ってください」と言って、水着姿のままの高齢者の方を中心に、配って歩きました。そして大型バスにエンジンをかけて、その方々をバスの中に誘導してくれました。

館内に入ることができないとなると、どうすればいいでしょう。スタッフたちで協議して、外にテントを張って一時的に寒さをしのごうという話になりました。しかし少し離れたスタジアムにある倉庫から機材を運び出すだけで三十分以上はかかりました。

次にテントを張ろうとしたのですが、あまりに風が強くて吹き飛ばされそうになり、お客さんにも協力してもらって皆でポールを押さえていなくてはなりませんでした。冷静に考えればこの天候でテントを張ること自体が無謀だったのかもしれません。しかしそれでも寒さで震える人たちの姿を見て、何とかしなければと皆が必死でした。

ようやくテントを二つ張ることができたものの、予想していた何倍もの時間を費やしてしまいました。そうこうしているうちにJヴィレッジ内にある体育館の安全が確認できたため、スタッフがそこに皆さんを誘導することになりました。

スタッフ皆で協力した炊き出し

外に皆が集まっていたとき、津波が来たという情報が入りました。それもかなり大きいと。Jヴィレッジは海から一キロほど離れた山あいにありますが、楢葉町ではJR常磐線の線路から東側のエリアがやられたという具体的な話も耳にしました。

スタッフには「家族が心配な人は構わず行ってくれ。残る人たちだけで炊き出しをやろう」と伝えました。管理栄養士の村上さんは、海岸沿いにおばあちゃんが一人で住んでいて、大変に心配していました。見に行きたいと言いましたが、辺りがもう暗くなっていて、また津波がくるかもしれません。「危ないから、行かないほうがいい」と皆で止めました。彼女は泣きじゃくっていました。そういったスタッフまで、家族の心配を抱えながら、炊き出しを手伝ってくれたのです。

地震の被害が広範囲に及んでいることも伝わってきました。最初は携帯電話でテレビを見ていたのですが、しばらくすると充電が切れてしまいました。私たちスタッフは携帯の簡易充電器を持っていたので、充電することができました。しかし家族との電話は通じず、安否を確認できない不安は時間を追うごとに増大していきます。泣きすするような声もあちこちから聞こえてきました。

そんな中でもJヴィレッジの総料理長を務める身として、ここにいる皆の食事をどうするかをまず考えねばと思いました。

避難所になっていた楢葉町の小学校の体育館が人でいっぱいになったので、Jヴィレッジが避難所になることを、役場の人が連絡しに来ました。午後四時頃のことです。町の人々や、道路が寸断されて立ち往生している人々も詰めかけるようになりました。

私は炊き出しの準備をするため、スタッフと一緒に厨房に戻りました。懐中電灯を手にしていましたが、中をしっかり確認する余裕などはありません。ただ、いろいろなものが落ちたり、倒れたりしてメチャクチャになっていることはわかります。寸胴鍋や調理器具などをスタッフと協力して往復して運び出し、冷蔵庫から食材を持ち出しました。

幸いにも週末で多く仕入れていたこともあって、食材はふんだんにありました。私とスタッフは余震が襲ってくる恐怖と戦いながら、中にいる時間をなるべく短くして、急いで外へ運び出しました。

炊き出しは、体育館の入り口の横で行なうことにしました。体育館内も停電していましたが、外が暗くなってくると、町民の方が簡易型発電機を持ってきて体育館内で三脚の上に工事用ライトを設置してくれました。それでも暗かったので、設備スタッフが、備蓄してある軽油を使ってJヴィレッジに備えられている発電機を動かし、体育館の非常灯を点灯しました。非常灯が点くと、大きな拍手が起こりました。

体育館内には暖房がありません。寒かったのでとにかく温かいものをつくってあげたいという一念で、うどん、ラーメン、昆布の佃煮、ご飯を出すことにしました。

調理にはガスボンベが必要になります。施設にはないため、すぐにスタッフに近くの長山プロパンに行ってもらいました。急なお願いにもかかわらず、馴染みの主人が「西さんの頼みなら」とすぐに用意してくださったことには頭が下がる思いでした。

ガスボンベは五本お借りすることができました。Jヴィレッジには大きな貯水のタンクがあったので、水には困りません。コンロの上に大きな寸胴鍋を置いて、湯を沸かしました。

余震はその後も続き、そのたびに沸騰した湯が入った寸胴鍋が大きく揺れて、皆で協力して押さえている状態でした。五、六人が調理して、他のスタッフがサポートに回り、二十代の女性スタッフの川崎さんも、野菜を切る作業などを男性たちと一緒にやってくれました。体育館内の雰囲気は重く、新たに避難してくる人が次々に押し寄せて、パニックに近い感じになりました。それでも少しでも明るく努めようとスタッフで話をしていました。

Jヴィレッジには予想より多い三〇〇人ほどが集まりましたが、全員に行き渡る分を何とかつくることができました。私とレストランのスタッフを中心に炊き出しを行なう一方で、別のスタッフがホテル棟から毛布を集めて持ってきては配ります。小野さんはマリーゼで用意していたミネラルウォーターを配るなど、それぞれの役割を自分で考えながら行動していました。日が落ちてからも身を震わせながら、ここに避難してくる人が絶えませんでした。逆に家族が心配で、身の危険を省みず、Jヴィレッジを離れていく人もいました。

遅い時間にようやくJヴィレッジにたどり着いた人にも温かいうどんを提供できるように、うどんの汁をとろ火にして冷めないようにしておきました。

Jヴィレッジのスタジアムの隣にアカデミーの男子寮があります。彼らの食事も用意し、スタッフが車で向かいましたが、道路が隆起や陥没して先に進めず、引き返してくるなど想定外のことも多々ありました。炊き出しが落ち着いてから何とか無事に届けられましたが。

震災の状況がいかに深刻か、情報が多く入ってきたわけではありません。夜になってから、小型の懐中電灯についているラジオが流れていましたが、皆が自分の家族と連絡をとるのに必死で、誰も聞いていないようでした。私はたまたま留守番電話が入っているのに気づきました。聞いてみると南相馬にいる親父の声。「地震だ、ばあちゃん」の一言でした。地震が起こって慌てて電話をしたのでしょう。娘たちとは連絡がつきましたが、両親や妻と連絡がつかないままで不安は募る一方でした。

夜十二時を過ぎると避難してくる人もいなくなったので、私は明日の朝食の準備をしてスタッフと打ち合わせを終えてから体を休めることにしました。この先どうなるかわかりませんし、休めるときに休んでおかないと、とも思いましたから。

人工芝のまわりを車のライトで照らしながら、ヘリが降りてくるのが見えました。小さい箱をトラックに移し替えたりしています。どうしたのかなと思いながら、しばらくその光景を眺めていました。後になって、福島第一原発での作業に使うバッテリーをここで積んでいたことを知ることになります。

体育館は人でいっぱいだったので、私は体育館脇にとめた自分の車の中で寝ました。毛布はなかったので、身をくるむようにして。シェフコートの上にジャンパーを着ていましたが、真っ白なはずのシェフコートがすっかり汚れていることに気づきました。

吹雪はいつの間にかおさまり、夜空には星が見えていました。今日の出来事が悪い夢であればいいのにと思いながら目を閉じました。しかし七十九歳の親父と七十五歳のおふくろがどこかでこの寒さを我慢して過ごしているのか、妻や娘たちも不安と戦っているのだろうかと思うと、なかなか眠れませんでした。

忍びよる放射能の恐怖

熟睡できずに朝を迎えました。ラジオをつけると日本中が大変なことになっていることを知り、愕然としました。しかし、私は自分に課せられた役割を果たさなければなりません。心の動揺はありましたが、朝食の準備に取りかかりました。卵焼き、ウインナー、ご飯、昆布の佃煮、そして味噌汁を用意することにしました。

　起きてきた小野さんから「豪華だね。炊き出しって普通、おかずは一品ぐらいなんじゃないの」と言われて、私は思わず軽く噴き出してしまいました。これは小野さんなりのジョーク。皆さんの前では少しでも明るい雰囲気でいようと心掛けていたつもりなのですが、知らぬ間に険しい顔になっていた私の精神状態を心配して、わざとそんなふうに言ってくれたのです。私も「いっぱいある分にはいいでしょ」と答えると、小野さんも笑っていました。小野さんは、避難してきている人たちの食料がちゃんと数日分あるかを気にかけてくれていたのです。

　朝食の炊き出しを、皆さんにしっかりと食べていただけたのはうれしい限りでした。ご飯を食べないと、力もわきませんから。

　スタッフと一緒に朝食の片付けを終え、昼食をカレーにすると決めてから、ジャガイモやニンジンの皮をむいていた午前九時頃でした。役場の方が防災無線を持ってきて「急いでここから避難してください」という緊急連絡が飛び込んできたのです。

　福島第一原子力発電所（以下、フクイチと略記）が津波の影響を受け、原子力緊急事態宣言が出されていました。フクイチからちょうど二〇キロのところにJヴィレッジはあります。震災当日は一〇キロ圏内の地域に屋内退避の指示が出ていましたが、詳細な情報は、私をふくめてここにいる人たちの耳に入っていませんでした。家族の安否や炊き出しのことしか頭になく、まさかフクイチが地震の影響で大きな事故を引き起こすなんて考えもしませんでした。

　Jヴィレッジに避難してきた人たちがすぐに逃げなければならない大変な事態。しかしそれでもまだ、私は事態の深刻さを現実のものとして捉えられていませんでした。

新しい避難先は、いわき市立平第六《たいらだいろく》小学校です。私は四トントラックに食材を全部詰めこもうと提案しました。しかし、一刻も早く移動したほうがいいと言われて、カレーの材料や鶏肉などを、バスとスタッフや私の車に急いで詰められるだけ詰め込みました。ガスボンベや調理器具、水なども車に乗せ、スタッフに指示を与えてから皆さんを見送りました。この時点で、調理スタッフの川崎さんは、いわきの親戚の家に避難することを決めるなど、スタッフもバラバラになりました。小野さんは車で東京に帰ることになり、「西さん、またどこかで会おうね」と声をかけてくれました。これからどうなるのか、それぞれが不安でいっぱいだったと思います。

私は連絡がとれない両親と妻のことが気になっていました。平第六小学校に移動する前にまず南相馬の実家に行って、両親の安否の確認をしようとしました。

そんなときでした。正午頃、一台の車がやってきました。放射線測定の業者で、この施設を使わせてほしい、泊まらせてほしいとお願いされました。食事も取っていないというので、私はレトルトのピラフなど簡単に食べられる食料とジュースを差し上げました。そこで業者の方にフクイチの状況をうかがい、「放射能漏れ」が現実に起こっている可能性が高まっていることを、はじめて知ったわけです。背筋にひんやりとしたものが流れました。

南相馬に向けて出発したのはいいのですが、国道六号線が通行止めになり、進むことはできません。私は断腸の思いでJヴィレッジに引き返しました。

その途中で、平第六小学校に向かったスタッフの三瓶《さんぺい》さんからメールが届きました。米が足りないというのです。三〇〇人分以上、余裕をもって米を用意したのですが、避難所となった小学校にはもっと多くの方が詰めかけていて、さらに多くの量が必要だということでした。私の車には既に多くの食材を詰め込んでいましたが、さらに可能な限りの米を持っていかねばなりませんでした。

三瓶さんは、ハーフタイムの調理をまかせていた人です。前夜、米を研いでくれたのが三瓶さんでした。持って行く分の米を私も研いでみて、はじめてタンクの水が驚くほどの冷たさであることを知りました。外気とほぼ同じ〇度の水。彼女は文句一つ言わず、よく頑張ってくれたな、と胸が熱くなりました。私の手も赤くなりましたが、きっと彼女の手はもっともっと赤く腫れあがっていたはずです。

私が引き返してきたとき、Jヴィレッジには何人かの親しい設備スタッフもいました。前夜、車で寝る前に、日本酒の一升瓶を取り出してきて、その方たちと一杯だけ飲みました。不謹慎と言われるかもしれませんが、気持ちが張りつめた状態でしたから、心を落ち着かせるための薬代わりのようなものでした。

施設のことをすべて把握している設備スタッフは獅子奮迅の働きぶりでした。暖を取るために焚き火ができないか、トイレの案内灯だけでもつけられないかなど、細かいことにまで気を配って対応してくれたおかげでスムーズに一夜を過ごせたわけです。

私が平第六小学校に向けて出発の準備を終えたときには、設備スタッフは体育館で片付けをしていました。彼らの親方に「一緒に行きましょう」と言っても「俺のことは構わず先に行け」と。最後まで見届ける責任を感じていたのかもしれません。私は後ろ髪を引かれる思いで、Jヴィレッジを後にしました。

申し訳ないという思い

山道の県道三五号線を通って、午後四時頃、避難先のいわき市立平第六小学校に到着しました。この日、フクイチの一号機建屋が爆発を起こし、その瞬間の映像を小学校ではじめて目にしました。これは大変どころの話ではない。テレビでは「爆発ではない」と言っていますが、あの爆発は何なのか、本当はどうなっているのか、皆が不安で暗い表情をしていました。

いわきに逃げたぐらいで大丈夫なのか。そんな思いを抱いたのは、私だけではなかったはずです。仙台空港を津波が襲った光景も衝撃的でした。「嘘だろ」と心の中で何度もつぶやきながら、南相馬の実家は海から近いので、親父やおふくろは大丈夫なのかとますます心配になりました。

炊き出しはもう始まっていて、つくっておくように指示したカレーを配っていたところでした。車に積んできた米を急いで炊きましたが、それでも足りないという状況です。体育館に避難している人、駐車場で寝泊りしている人、近くの集会所にいる人、合計で九〇〇人以上いたでしょうか。

配給の水も届かないため、持ってきたタンクの水も足りなくなりました。年配の方や子どもたちを優先させてもらって、カレー一人分を少なくしたとしても、全員に行き渡らせるのは不可能でした。まだ並んでいる人がいるのに、炊き出しを提供できないのはとてもつらいことです。申し訳ない気持ちでいっぱいになりました。

また、体育館には暖房が入っていたのですが、そこから五〇メートルほど離れた集会所には暖房がありません。体育館に入りきらない人がそこに流れたわけですが、ほとんどの人がカレーを食べられませんでした。

夜になって「何か食べる物はありませんか」と集会所の代表の方が尋ねてきました。車からジャガイモやニンジンを下ろしてはいたのですが、すぐに食べられるものがありません。ようやく配給で五、六〇個のおにぎりが届いたので、私たちは集会所に急いで持っていきました。集会所は暖房のみならず、毛布もない状態でした。ブルブルと震えて眠れない人たちを見て、何とかできないものかと思いましたが、何も力になってあげられない自分の無力さを感じずにはいられませんでした。

後で知人に聞いた話ですが、配給が回ってこない避難所もあったそうです。遅れて到着したおにぎりは賞味期限が切れてしまっていたり、乾燥してカチカチになっていたりしたという話も聞きました。大変、苦労された方が大勢いらっしゃいました。そういった方々に比べたら、私などが大変だったとは言えません。

私は炊き出しを終えたら、避難所を離れるつもりでいました。故郷の南相馬が津波に襲われて甚大な被害を被っているとのニュースが頭から離れませんでした。一緒に避難してきたスタッフに「親父とおふくろの居場所がわからず、妻とも連絡がとれません。申し訳ないのですが、安否を確認しに行ってきます」と伝えました。ここには三瓶さんをはじめ、家族と連絡がとれている調理スタッフが残っていました。彼女たちに翌日の炊き出しの確認や連絡事項を伝えてから車に乗り込みました。

親父、おふくろ、どうか生きていてくれ。そう強く思いながら、夜九時頃に平第六小学校を出発しました。

仙台、そして再び福島へ

車のガソリンはすでに半分もない状態でしたが、いわきのガソリンスタンドではガソリンが売り切れて給油できません。南相馬に行くには通行止めのため遠回りをしなければならず、南相馬まで行けたとしても帰れなくなります。それなら先に仙台に行って満タンにしてから南相馬に行ったほうがいいと考え、まず仙台にいる妻のもとへ向かいました。妻の自宅は東京にあるのですが、仙台のマンションに住んでいる義母が数日前から体調を崩していたため、ちょうど来ていたのです。

磐越自動車道を通り、途中から山道に入っていきました。停電していて、あたり一面が真っ暗でした。夜も遅かったので、仙台へ向かう道路はすいていて、スムーズに仙台に辿り着くことができました。

　問題は居場所がわからないということでした。妻の携帯は充電が切れてしまい、連絡が取れなくなっていたのです。家にいるのか、それとも避難所にいるのか。食料や水のこともあり、避難所にいるのではと思いましたが、とりあえずはマンションに向かいました。到着したのは、日付が十三日に変わって深夜二時頃でした。マンションの目の前にある店のガラスは飛び散り、壁にはひびが入っていました。

　私は深夜にもかかわらず、ドアをドンドン叩いて「おーい、生きてるか」と大声を出して呼びかけました。

　すると奥のほうから返事が聞こえました。彼女は首に懐中電灯をぶらさげて、疲れきっていました。上着を着て、靴を履いたまま横になり、いつでも逃げられるようにしていたそうです。義母も無事でした。生きているとわかっただけで心の底から安心しました。

　私は仮眠を取らせてもらい、朝になって水の配給に並びました。そして南相馬に行かなければならないため、妻と一緒にすぐにガソリンスタンドに向かいました。

　営業しているガソリンスタンドが少なく、ようやく辿り着くと、予想をはるかに超える混み具合でした。このガソリンスタンドには並ぶ列が複数ありましたが、どうも一番動かない列に並んでしまったようです。

　午前十時から午後九時まで一日中並びました。それでも結局、私の番がくる前にガソリンスタンドのその日の分のガソリンが終了してしまい、入れられませんでした。時間だけが過ぎて、焦燥感がつのりました。強引に割り込んでくる車がいると、ケンカもところどころで起こります。見たくない光景でした。

ガソリンスタンドの近くに牛タン屋があって、なぜか電気がついていました。まさかこんな時に営業していないだろうなと思ったのですが、何と営業していたのです。気が滅入っていただけに、おいしい牛タンに元気づけられました。あの味は、生涯忘れないと思います。

車の中で娘たちや南相馬に住む姉に電話をしました。姉は無事で、「実家に行ったけれど、お父さんもお母さんもいないし、車もない」と言うのです。それで南相馬市役所に向かったそうですが、安否を確認できず、「これは津波にのまれたんじゃないか」と激しく動揺していました。

娘への決意の言葉

大きな余震と、フクイチのもっと大きな事故が起きるかもしれないという不安が絶えずつきまとっていました。これから先どうなるかわからない、もう娘には会えないかもしれない。そんな切迫した思いが私の心にはありました。

娘たちに連絡がついたのは震災当日の夜のことです。次女の夏美《なつみ》は、車で仙台のショッピングモールに向かっているとき震災に遭いました。海岸沿いが通れず、山道を行ったりして、六、七時間かけてようやく南相馬に戻ってきたと言います。「すぐに東京に逃げなさい」と伝えると、いつもは弱音を吐かない夏美なのに、このときは「運転して今帰ってきたばかりで疲れてるから行けない」と泣きそうな声なのです。「そんなこと言ってる場合じゃない状況だから、急いで」と私は重ねて言いました。そこから彼女は頑張りました。「東京に着いたよ」と連絡が来たとき、私はホッと胸を撫で下ろしました。

東京で心配しながら連絡を待っていた長女の彩美《あやみ》には、今は無事だということと、予断を許さない状況であることを伝えました。そのとき、「言っておかなければ」という思いが込みあげてきたのです。

「お父さんたちは、どうなるかわからない。もう会えないかもしれない。原発がどうなるかわからないし、終わりになるかもしれない。もし何かあったとしても、頑張って生きろよ」

そう言うと、彩美は電話越しに泣いていました。あとで聞いたのですが、震災の日、職場でずっと泣いていたそうです。

両親との再会

翌十四日。十一時間も待ってガソリンを入れられなかった教訓をもとに、私と妻は寒い中、車の中で一晩過ごして同じガソリンスタンドに並び、朝ようやくガソリンを入れることができました。先頭から五番目でした。

制限いっぱいの二十五リットルを入れ、ようやく南相馬に向かおうとしたその矢先、連絡を取り合っていた従兄弟の宏から両親の無事を伝える連絡が届きました。避難所になっていた南相馬市立石神《いしがみ》小学校で両親を見つけたというのです。

生きていてよかった——。肩の力、いや全身の力が抜けていく感じでした。

宏と私は同級生で、気兼ねしない間柄です。十五日の昼に、南相馬から伊達市内の高校まで両親を車に乗せてきてくれるというので、その好意に甘えることにしました。二人の娘にも無事を伝えると、それはもう喜びました。彩美には、両親をピックアップして、彩美の家に向かうことを伝えました。

私は安心したせいか、急に強烈な眠気に襲われ、その日は義母のマンションに戻って睡眠を取りました。夜になってまたすぐにガソリンスタンドの列に並んで、そのまま朝まで待って、ガソリンを入れてから、宏との待ち合わせ場所の福島県立梁川《やながわ》高校に向かいました。

避難所となっている梁川高校の体育館に到着すると宏が待っていました。そして四日ぶりに両親との再会を果たしました。農作業の格好のままで、長靴を履き、服は汚れていました。でも元気そうで、それが何よりでした。両親のほうも私がどこにいるのかわからず、とても心配しながら時間を過ごしていたそうです。

宏は自分の両親と奥さんと子ども三人、そして私の両親の計八人を乗せて車で移動してきてくれました。安否の連絡から福島までの移動とすべてやってくれて、本当に感謝してもしきれないほどでした。

両親を自分の車に乗せようとしたときでした。おふくろが毛布を持っていたので、「宏、毛布あるの？」と聞いたら、「いや、ないんだよ」という返事でした。

「これから東京に行くし、ばあちゃん、毛布を置いていったら？」とおふくろに言ったのですが、頑なに嫌がるのです。これまでずっと寒い思いをしてきたおふくろには、これからまた何か起こるかもしれないという不安が強くあったようです。宏も「そんなの気にしなくていいから」と言ってくれるのですが、これからの避難所生活を思えば毛布は一枚でも多くあったほうがいいし、私としては両親を連れてきてもらった御礼をしたかったのです。

毛布を渡して宏たちと別れましたが、両親がいかにつらい経験をしてきたか、理解してあげなければいけないと思いました。

その後、車の中で両親から南相馬の惨状を聞きました。

津波が家のすぐ下まできていて、自宅が陸の孤島のようになってしまっていた、と。

南相馬市小高区の実家は、ずっと農家を営んできました。親父は高校教諭との兼業でしたが、定年してからは専業主婦のおふくろと二人で米や野菜をつくってきました。高齢となっても、なお現役です。

小高は田園風景が広がる自然豊かな地域。山では山菜やキノコなどが採れ、ヒラメやスズキなど海の幸にも恵まれています。

私が小さい頃は夏になれば毎日、海に行って夕方まで遊んでいました。一人で海に向き合い、未来を信じて願うこともありました。中学生になってから、初日の出を見るために友だちと夜十二時から海に行くのが恒例でした。潮の香りは心が落ち着きます。小高の海が大好きでした。

西家の長男として生を受けた私ですが、いずれ農家を継がなければという思いは持っていませんでした。しかし料理人が自分の天職だと思ってからは、自分で米や野菜をつくって自分の店でお客さんに食べてもらいたいという夢がふくらむようになってきたのです。東京からここに戻ってきたとき、一生暮らしていく覚悟もできていました。

故郷の海も山も、私にとってはとても大切なものです。心に刻まれてきたそれらの風景が津波によってのみこまれてしまいました。

両親から聞く一つひとつの出来事が、私の胸に突きささっていきました。

運転していても、窓の外の光景が頭に入っていきません。両親、妻と義母を乗せた車内の空気は重たく、つらいものでした。再会を果たせた喜びはありましたが、それ以上に震災被害の深刻さをあらためて実感していました。

両親の三月十一日

小高の丘の上にある実家は、あと一〇〇mのところで津波の被害を受けずにすみましたが、海沿いにある約二町歩の田んぼの八割以上が津波の被害を受けました。

あの日、親父は田んぼで大豆の種まきをする予定だったそうです。減反政策によって、米と一緒に大豆をつくっている家が多く、親父もその一人でした。

しかし幸いにも、田んぼに行く前に近所の人が訪ねて来て、手土産のイチゴを食べながら話し込んでしまったため、田んぼに行けなかったのです。おふくろは「あんとき、イチゴをもらわなかったら死んでたな。イチゴのおかげで生きてんだ」と何度も何度も感謝の言葉を口にしていました。大豆の種まきに向かっていたら、きっと命を落としたことでしょう。

震災が起こってから、両親はずっと家の中にいたそうです。激しい揺れと、津波の恐怖にさらされながら、停電になった家の中で一睡もできず、じっと二人で耐えていました。建物の損壊も激しく、室内はグチャグチャ。命があるだけでも、幸せに思わなくてはなりませんが、高齢の両親にとって、どれほど不安な一日を過ごしたのかと思うと胸が苦しくなりました。

翌十二日の日中、余震がおさまってきて少し安心したのか、ようやく眠気が襲ったそうです。しかし近所の人が屋根の瓦を下に落として片付けている音で眠れなかったため、両親は軽トラックで高台にある畑に向かいました。農作業用の防寒着をはおって、長靴を履いたまま。そして誰もいない静かな畑の道に車をとめ、車の中でしばらくの時間眠りました。

そのとき両親を必死に探し回っていたのが南相馬に住む姉です。まさか畑に行って寝ているとは、よもや思わなかったでしょう。

夕方になって両親が自宅に戻ると、近所の人が次々に避難を始めていたそうです。原発事故のことを知らされ、「なるべく遠くに逃げてください」と緊急の避難勧告を受けたとのことでした。二人は山のほうに二〇キロほど車を走らせましたが、ガソリンが少なくなったため不安になり、一〇キロほど南下したところにある叔母が入院している病院まで戻ってきました。その病院は避難場所でも何でもないため、駐車場でエンジンを切って車の中で一夜を過ごしました。入院している叔母に水を差し入れようとしたのですが、面会謝絶で会えなかったようです。後日、叔母は亡くなってしまい、最後に会えなかったことをおふくろは残念がっていました。

その後、避難所となっている石神小学校に両親がようやくたどり着いたところを宏が見つけ、私に無事を知らせてくれたという次第です。

いつもは気丈で厳格な親父もさすがに精神的にまいっていました。後で知ることになりますが、親父と仲のよかった近所の人が三人、津波で亡くなりました。二人はトラクターで大豆の種をまいていた時に、もう一人は津波が来ることを他の人に伝えるために田んぼに向かったところで津波に襲われたのです。

再会に号泣した長女

都内の外食チェーン店で働く長女の彩美が住む世田谷のアパートに到着したのは十五日の夜でした。彩美は私や祖父母の顔を見るや否や、泣き出してしまいました。よほど心配していたのでしょう。

私は車から両親を降ろすと、すぐに福島に引き返すことにしました。今度は姉の家族を迎えに行くためです。

私が一人で行こうとしたら、彩美が「寝ていなくて心配だから一緒に行く。私が運転するから」と言って、福島まで来てくれることになりました。有給を使って、わざわざ一週間の休みを取ってくれていたのです。両親をアパートに残して出発しました。

三日かけて福島と仙台を回り、姉の家族や妻の母の妹などを皆連れて、また東京に戻ってきました。

長女が住む世田谷のアパートは六畳一間のワンルームです。両親には少しでもゆっくり休んでもらいたいと思っていましたが、帰ってきて驚きました。

というのも、両親はコタツのスイッチを入れず、電気もつけずに待っていたからです。汚れた作業着もそのまま。おふくろは風邪をひいていました。

私は両親を怒りました。どうして温かくして休んでいないんだ、と。

するとおふくろは言いました。

「じいちゃんが、コタツは入れんなって言うから」

「どうして?」と私が返すと、

「電気がないから」と。

停電などしていません。親父は黙っていました。私はハッと息をのみました。両親の気持ちがわかったからです。

消え入るような声で、おふくろがこう言葉を続けました。

「皆が避難所で寒い思いしてるのに、私たちだけいい思いできねえって。なあ、じいちゃん」

心の中で両親は、避難所で過ごしている近所の人たち、南相馬の人たちのことを思っていました。命が助かっただけで幸せです。ほかに何かを望んだら、バチがあたる。きっとそんな思いだったにちがいありません。

震災直後にいただいた激励の数々

震災後、Ｊヴィレッジで被災した私のことを心配して多くの方から激励の言葉をいただきました。

ジーコジャパン、岡田ジャパンの中心選手として活躍され、今なお日本を代表するセンターバックである横浜Ｆ・マリノスの中澤佑二選手からは、震災四日後の三月十五日にメールをいただきました。

文面は今でも鮮明に覚えています。

「直接お力になる事はできませんが、西さんと避難場所の皆さんが無事であることを願っております。大変だと思いますが、頑張ってください！」

私はそのとき「ご心配をおかけしております。何があっても生き抜いてみせます！」と返信しました。温かい言葉は、心に染み入りました。

中澤選手とは代表合宿でよく会話をしていました。朝食は一番早く食事会場に入ってきて、元気に挨拶をしてくれました。食べるものはだいたい決まっていて、中澤選手の姿を見るとオムレツの準備を始めたものです。震災後も真っ先に声を掛けてくれたのは、中澤選手らしく、うれしく思いました。

また、中澤選手のF・マリノスの同僚で、長きにわたって日本代表を背負ってきた中村俊輔選手からは電話で連絡をいただきました。

「困ったことがあったら何でも言ってください。どんな些細なことでも構いませんから」

この年齢になると感動することなどそうそうあるわけではありません。こんな私のことなんか気にしなくてもいいのに、と思いながらも、うれしくて、その言葉がありがたくて……。

俊輔選手はオフの際に、個人キャンプで何度もJヴィレッジを使ってくれました。私が食事を担当し、いつもは試合後にしか出さないアイスクリームを毎回出していました。俊輔選手は気さくで、周囲に対する心配りができる、本当に素晴らしい方です。

またワールドカップ南アフリカ大会でご一緒した名古屋グランパスの田中マルクス闘莉王選手、浦和レッズの阿部勇樹選手をはじめ選手の皆さん、そして日本サッカー協会のスタッフの皆さんにも声をかけていただきました。現在、J3のSC相模原でプレイする高原直泰選手は私を激励するためにわざわざJヴィレッジまで足を運んでくださったのですが、高原選手は施設内に入れず、会うことができなくて申し訳なかったと思っています。

そしてもう一人、どうしても記しておきたい方がいます。前日本代表監督の岡田武史さんです。日本代表の監督を退任されてからはライフワークの環境問題などにも取り組まれていると聞いていました。

震災後、程なくして「大丈夫か？」と連絡が来ました。

「協力するぞ、何でも言ってくれ」とその後何度も言っていただきました。その度に、とても心強く思いました。皆さんからいただいた激励の一つひとつが私の力になりました。

東京で始まった新しい生活

Jヴィレッジのレストランは、エームサービス株式会社というフードサービスの会社が委託され、私はこの会社の社員として、Jヴィレッジ事業所で働いていました。

しかし、震災によってJヴィレッジ事業所は運営できなくなり、三月二十二日に本社から解雇を知らせる電話がありました。ただ、首都圏方面で勤務できる人は再雇用する、とのことでした。

私はJヴィレッジのこと、福島のことが気になっていましたから、東京で働いていいものかどうか悩みました。けれども自分で何をすればよいかと考えてもはっきりしたことが見えてこないため、結局は再雇用してもらうことにしました。

新たな配属先はメニュー開発室に決まり、東京の本社に四月一日から勤務することになりました。文字どおり、新しいメニューを考案する仕事です。

長女のアパートは一人用で狭い上に、夜遅くまで働く娘と、朝早く目覚めてしまう農家の両親とでは生活のサイクルがちがって当然でした。これでは娘にも迷惑をかけてしまいます。そう思って一週間ほど仮住まいしてから、知り合いの紹介で浅草に新しく部屋を借りることにしました。私は妻の自宅から職場に通うようにし、両親と姉と姪の四人が二階建てのメゾネットタイプのアパートで一緒に住むことになりました。とはいっても狭いので、義兄は親族のところに身を寄せました。

両親も姉も姪もいまだに震災のショックから立ち直れない状態でした。私がアパートに立ち寄ると、二階を一切使わず、一階の八畳間で四人が暮らしているのです。

「二階を使えばいいじゃないか」と言っても、誰も首を縦に振りません。そして、こう言うのです。

「もし地震が来たら、二階だとすぐに逃げられないから」

私は返す言葉がありませんでした。今なお地震の恐怖と戦っているという現実。震災のショックは私が考えているよりもはるかに大きいものだったのです。

親友の死

震災後に入院中だった母の姉が亡くなり、母の妹もその後に亡くなりました。そして中学、高校が一緒だった私の親友が津波に流されて命を落とした事実を後になってから知りました。彼の名前は松本久《まつもとひさし》と言います。久はJR職員で原ノ町《はらのまち》駅の助役をしていました。自宅は南相馬の海沿いにあります。

あの日、久は家族に「先に山に逃げてろ、後で向かうから」と伝えていました。まず家族を高台に避難させて、後で逃げるつもりだったのでしょう。久の隣の家に住んでいた私の親戚が車で津波から逃げているときに、犬と一緒に走っている久の姿が遠くに見えたそうです。慌てクラクションを必死に鳴らしても、あまりに遠くて久はそれに気づかなかったのです。震災から半月ほど後に、久は自宅から約五キロ離れた田んぼで見つかりました。

久は大の親友でした。久のお父さんは国鉄職員で兼業農家、私の家は高校教師で兼業農家。家が近くて、同じ長男ということもあって自然とウマが合いました。

高校時代は季節を問わず一緒に海によく行きました。久の家で、マージャンもよくやりました、連れだってよく一緒に遊びました。

料理人になってからは盆と正月に会う程度でしたが、私がJヴィレッジで働くようになってからは、久がたびたび顔を出すようになりました。Jヴィレッジとそう遠くはない四ツ倉《よつくら》駅が仕事場になったことも理由でしょう。「よう元気か」とニコッと笑って、お互いの顔を見て、声をかけあうぐらいでしたけれど、それで十分でした。原ノ町駅に職場を移してからも、ちょくちょくJヴィレッジに来ていました。子どもが女の子というのも一緒でしたので、家族の話や地域の話などをよくしていました。

最後の会話は今でも覚えています。

久が「そろそろウチに、酒を飲みに来いよ」と言うので、私も「俺がいろいろとグチの聞き役になってやるよ」と冗談を言い、「二人っきりで、サシで飲もうぜ」って……。

でもその約束を果たせないまま、アイツは天国に逝ってしまいました。自分が向こうに行ったときに、その約束を果たしたいと思っています。

二週間ぶりにJヴィレッジへ

新しい部署で働く前に一度、Jヴィレッジに戻って、厨房の状態などを確認しておきたいと思っていました。自分の包丁は命の次に大切なものですから、それだけは取りに行きたかったのです。

原発事故はまったく収束に向かっていない状況で、施設はフクイチに向かう労働者の拠点、原発問題処理の最前線基地になっていると聞きました。

Jヴィレッジの現状を自分の目でしっかり確かめておく必要がありました。フクイチから二〇キロ圏内に入っていて「警戒区域」に指定されているため、地域の住民は避難したままです。施設には関係者以外、立ち入りできなくなっていましたが、三月二十七日に、妻と一緒に車でJヴィレッジに行くことにしました。

東京から常磐自動車道を走り、いわき四倉インターチェンジの先には進めなくなっていたので、そこで下りました。

震災の爪あとは至るところで確認できました。陥没した道路、倒壊した建物……。原発に向かう業者の車ばかりが往来している様子は異様でした。防護マスク、防護服をまとって歩く原発関係者、自衛隊の人々。私が知るのどかな風景は一変していました。

国道六号線側にあるJヴィレッジの入り口には検問があって入ることができず、海岸のほう

駐車場になった3番ピッチ。

から迂回してJヴィレッジに入ろうとしました。

Jヴィレッジの入り口で目の前に飛び込んできたのは自衛隊の戦車でした。これには驚きました。大きな消防車三、四台が道を塞ぎ、原発の作業員、自衛隊の人たちが激しく出入りしています。頭上にはヘリコプターの大きな音がずっと続いているのです。

私が愛した美しい芝の三番ピッチをはじめ、複数の天然芝のグラウンドには砂利が敷かれていました。駐車場になっていたのです。その変わり果てた姿を見た時の衝撃は、とても言葉にできません。

私は施設の関係者であることを証明した上で、中に入りました。日中に作業員の方が廊下や階段の踊り場にもダンボールを敷いて休んでいて、肉体的にも精神的にも大変な苦労をしていることを察することができました。

ショックを受けながらレストランの厨房に入りました。そしてここでも「うわっ」と驚きの声をあげました。

バイキング用の取り皿が床一面に散乱し、調理器具もどこにあるのかわからない状態でした。簡単には動かせないミキサーが、見たこともない形に曲がってしまい、冷蔵庫からは腐ったにおいも漂っています。マスクをしていないといられないくらいのにおいです。その惨状に、しばらく呆然と立ちつくすしかありませんでした。

厨房の時計は震災の時刻、二時四十六分を指したままでした。震災から二週間しか経っていませんでしたが、あの活気ある職場のイメージを取り戻せないほど、瓦礫の山と化した厨房は暗く沈んでいました。

片付けをしながら、スタッフの大切な道具を探しました。包丁は料理人の魂です。私は調理スタッフの包丁を持ち帰り、箱に入れて一人ひとりに送ろうと思いました。他に手帳や料理のレシピ帳なども見つけ出し、一緒に送ることにしました。あるスタッフから持ち帰るように懇願されていた高級靴も車に載せました。皆が着の身着のまま逃げたので、いろいろなものが置いたままになっていたのです。

本当にここが十五年もの間、働いてきた場所なのだろうか。凄惨な光景に、〝再会〟の感動など何もありませんでした。

私は自分とスタッフの荷物を積めるだけ積み込んでJヴィレッジを後にし、その足で南相馬に向かいました。

一変した南相馬を目の当たりにして

言葉を失うというのは、まさにこういうことでした。津波に襲われた故郷の風景は、一変していました。

海沿いに立ち並んでいた家は津波によってすべて流され、親戚の家や友人の家は跡形もありません。何度もぶつかってボロボロになった車が至るところに〝漂着〟していました。電柱は倒れ、道路は陥没。飼い主のいなくなった家畜の牛が、何事もなかったかのように、ゆっくりと歩いていました。

汚泥は乾いておらず、実家の田んぼもほぼ壊滅状態でした。草も何もない、ただただ、泥に支配されていました。高台にある実家も激しく損壊していました。

私が心配していたのは実家で飼っていた犬のことでした。

名前はニシがハチで「ハチ」。長女の彩美が高校生のとき、ダンボール箱に入れてコンビニの前に捨てられていたのを拾ってきて、それから家族の一員になりました。

ハチは無事でした。鎖につながれたまま、ほとんど何も食べずに我慢していたのです。私の顔を見るや否や、喜んで飛びついてきました。痩せ細っていましたが、何とか生きていてくれたのです。

持ってきたドッグフードと水を与えてから、鎖を外してあげました。東京に連れて帰りたいのはやまやまです。ハチも家族の一員ですから。

数日前、彩美にハチの話をしたとき、彩美は「かわいそう」と言って、ここでハチに別れを告げることに反対でした。しかし東京で飼えるわけもなく、預けられるところもありません。ハチなら強いから生きていける、と彩美は自分自身に言い聞かせていました。

ハチ、頑張って生き抜いてくれ。

心の中で、私はそう願いました。

車に乗り込んでエンジンをかけ、走り出してからバックミラーを見ると、ハチが追いかけてくるのが見えました。泥だらけの道路を必死に走って。待ち望んでいた再会の後に、飼い主が車で去っていくわけですから……。

私は胸が張り裂けそうになりました。一キロ近くハチは追いかけてきたでしょうか。ハチの気持ちを考えると申し訳なくて、申し訳なくてたまりませんでした。

海沿いの家は津波で流され、基礎だけが残された。

東京での生活による変化

四月一日から都内の新部署で働き始め、新メニューの開発に取りかかりました。震災前は車でJヴィレッジに通勤していましたが、今度は妻の自宅に厄介になりながらの電車通勤。久しぶりの東京での生活に、まずは慣れなければなりませんでした。

最初に手がけたのは、リコピンを多くふくんだ緑黄色野菜を使った夏のメニューです。また、会社は福島応援フェアを考えていて、福島の食材を全国の関連店舗で使いたいので、業者を教えてほしいと頼まれました。

両親と姉の家族は、浅草のアパートを出て芝浦に引っ越すことになりました。雇用促進住宅が抽選で当たったのです。東京湾の近くで、耐震構造マンションの六階ですが、二階を使わないアパートよりはいいだろうと思いました。両親は地震と津波の恐怖がいまだに強くて拒みましたが、「地震があってもここなら大丈夫だから」と説得して何とか入ってもらいました。けれども数ヶ月後に、姉の家族は両親と理解し合えない部分が出てきてしまい、別の場所に引っ越していきました。

両親が東京での新しい生活に慣れるかどうか心配でしたが、住めば都とはよく言ったものです。おふくろは「こんないいところはない」と言い始めるようになります。

東京に避難してくるまでの数日や東京でのアパート暮らしでほとんど動かなかったせいで、

おふくろは「足が痛い」と言って、体調が思わしくない日がほとんどでした。しかし芝浦に移ってからは、親父と一緒に田町のほうまで買い物に出かけるようになり、次第に元気になっていきました。近くで被災者のイベントがあるときには積極的に参加してみるなど、東京での生活を楽しんでいるようでした。ちょくちょく訪ねても「東京はいいところですね」と標準語で言うから驚きです。そうは言っても、突然の不慣れな都会での生活にストレスを感じていたと思います。

両親は、それまでの自給自足の生活から、野菜や米などすべて店で買う生活に変わりました。今までは、大根やキャベツなど畑に豊富にあるものは、必要な分を使ったら、あとは捨ててしまうようなことも多かったのですが、東京に来て食材を買うようになってから、使う分以外は冷蔵庫にしまって余すことなく使い切るようになったそうです。おふくろは「野菜って高いんだね」と実感を込めて言っていました。避難生活を経験することで、材料ひとつ無駄にせず、より大事にしながら料理するようになり、食事をつくれる喜びをかみしめるようにもなりました。それはおふくろも私も同じです。

次第に薄れていく故郷

私は東京での日々を送るうちに、Jヴィレッジや南相馬で目にしたこととの温度差をどんどん感じるようになっていきました。さらに、福島への復興支援に対する会社の考え方は、どうしても自分とはちがうものでした。仕事が終わると同僚たちや、東京に避難中のJヴィレッジで働いていた人たちと、日々のことを酒のツマミにしながら、飲み明かすような毎日を過ごしていたのです。

あるとき、そんな日々を送る自分自身に嫌気がさしたのです。このままでいいのか、と。きっかけになったのは、福島で料理人をやっている親戚が、郡山市の磐梯熱海《ばんだいあたみ》の避難所で被災者のために朝四時から夜十時まで食事をつくって提供しているという話を聞いたことです。自分の店に戻って営業を再開することもできるのに、避難所で困っている人を見捨てられなかったそうです。そういう選択をしている人もいるということが胸に刺さりました。

また、震災で多くの方が亡くなり、親友を亡くしたことで、自分の人生について考えさせられることになりました。自分には何ができるのだろうか。これから先の人生を、どんなふうに生きていくべきなのか。

妻からは「ハワイで店を出してみない?」と相談されていました。彼女の知人がハワイでテナントを出すので、そこで和食のレストランをやらないかと声をかけてくれたそうです。ありがたい話でしたが、それは自分の道ではないと思いました。福島の復興を本気で考えるならば、自分が納得のいくかたちで行動するしかありません。

ほんの少しでもいいから福島のために、故郷のために恩返しができないか。その思いが強くなり、私は大きな決断を下すことになるのです。

第二章

福島に戻って

「Jヴィレッジに戻ってこないか」

震災から二ヶ月の間に、私は週末の休みを利用しながら避難先の東京から二度、三度とJヴィレッジに通っていました。

Jヴィレッジは楢葉町、広野町にまたがる広大な施設です。楢葉町の大半は「警戒区域」に指定され、一般の人々が出入りすることはできません。広野町の大半は「緊急時避難準備区域」。警戒区域より規制が一段階、緩和されますが、大量に放射性物質が放出された場合、すぐに避難できるよう準備しておく必要があります。これは、原子力災害対策特別措置法に基づいて政府が二〇一一年四月二十二日に制定したものです。これにより、妊婦、子ども、また要介護者は出入りに自粛が求められました。

フクイチの前線基地となっているJヴィレッジは当然ながら関係者しか出入りができません。私は許可をもらって、施設内の「アルパインローズ」に通っては、メチャクチャになっている厨房を少しずつ片づけていきました。

町に、子どもの声はありません。住宅はすべて閉め切られ、生活のにおいがまったくしないのです。Jヴィレッジに向かう途中、あまりに変わり果てた町の光景に、私は絶句するしかありませんでした。町を歩いているのは、ほとんどが東電の関係者、原発関連業者の方です。暗く沈んだ空気が、この町を支配していました。

八月九日、再びＪヴィレッジを訪れたときに東京電力の業務支援グループマネージャーの岡田知久さん、建物整備グループマネジャーの児玉達朗さんに会いました。岡田さんは二〇〇三年から三年間Ｊヴィレッジ営業部長を務められ、Ｊヴィレッジをさらに良くしていこうと日頃から一緒にディスカッションをしていました。岡田さんは震災後の三月二十一日から、応援部隊として再びＪヴィレッジに呼ばれていたのです。児玉さんはＪヴィレッジをいずれは元に戻すことを第一に考えていました。

「もしＪヴィレッジで何かお手伝いできることがあれば言ってくださいね」

五月に岡田さんに会った時点で、私の方からそう伝えていました。そして八月九日に再会したこのとき、レストラン「ハーフタイム」の部屋を使用していた自衛隊が撤退することになったので、「原発事故の収束に向けて働いている作業員のために、温かい食事を提供してもらえないか」というお話をいただいたのです。そしていずれこのＪヴィレッジが元通りになって再オープンする際の足がかりとしたいということでした。

現場で働く作業員の方がこれまで食べていたのは缶詰やレトルト食品などでした。厨房のブレーカーは下がったまま。お湯だけで調理できる食事ですませていました。現場から帰ってきて、こういった食事をして、廊下や階段の踊り場にダンボールを敷いて寝る。それは人間的な生活ではありません。身体の栄養的な面からだけでなく、精神的にもつらくなります。ここで頑張っている作業員の方々に、温かく、栄養のある食事を提供することで、身体と精神の健康に少しでも役に立てたらと心から願っていました。それが福島の復興に向けて自分に課せられた使命であり、将来のJヴィレッジのためにも必要なことだと思い、私はここに戻ってくることを決意したのです。

放射能汚染の恐怖

Jヴィレッジに戻ることを決断すると次に、家族を説得しなければなりませんでした。原発事故は予断を許さない状況が続いていて、何々マイクロシーベルトと放射線量の数値が新聞やニュースで毎日報道されていましたから、妻には最初、あきれられました。ハワイに和食のレストランを出店するプランなどいくつかの候補があった中で、Jヴィレッジに戻りたいと言い出したわけですから、あきれられて当然です。ただ妻は反対しませんでした。両親もそうですが、一度決めたら動かない私の頑固な性格をよく知っていますから。それに妻も南相馬の出身。福島に対する思いは、私と変わらないものがあると思っています。

東京のレストランで働く長女の彩美は「行ってくれば」と、そっけない返事ではありましたけれど、彼女なりに背中を押してくれた感じでした。「スーツを着てネクタイ締めて、本業の料理人とはちがうことをやっているよりは、自分のやりたいことをやったほうがいいと思った」なんて、だいぶ後になってから言われましたけれど。

「ハーフタイム」のオープンは二〇一一年九月に決まりました。会社を辞めてからの私は、一気に忙しくなっていきます。まず新たにスタッフを集めなければなりません。楢葉町は八月

装甲車の除染作業をする自衛隊員。

に「警戒区域」の指定が解かれて「緊急時避難準備区域」に緩和されたとはいっても、何かあればすぐに逃げなくてはならない場所です。そんな身の危険を冒してまで、ここで働くというのは相当な覚悟がいります。安心して働いてもらうためには、まず放射線量がどれほどのレベルなのか、把握しておかなければと思いました。

　私は個人用のサーベイメーター（放射線測定器）を所持し、車に乗って移動する際に使用しました。場所によっていきなり高い数値を記録することもあります。いわゆる〝ホットスポット〟。行かないほうがいいと思われる場所をチェックしました。

　行政は二〇キロ圏内、三〇キロ圏内で住民の避難レベルを区別していますが、現場に住んでみると、それはあくまで目安にしか過ぎないということがわかります。斜面を切り開いてつくった道路や、水が溜まりやすい場所はやはり高い数値を記録します。

Jヴィレッジの入り口には大きな白いテントが設置されていました。フクイチに行った人はそこで身体の放射線量を検査しなければなりません。検査をする人は防護服の白いタイベックスーツを身につけています。私が受ける必要はありませんが、国道六号線を使って「警戒区域」を通ってきた場合は、人も車も必ず検査を受けるので、私も検査をすることになります。車の運転席、タイヤなど隅々まで検査して、数値が高ければ除染を受けます。車ではタイヤがもっとも放射性物質が溜まりやすいと聞きました。

Jヴィレッジ付近の空間線量は、二〇一一年八月の時点で毎時０・４〜０・９マイクロシーベルトぐらいでした。マイクロシーベルトと言われても、ピンとはきません。人体に影響を及ぼさないレベルだと説明を受けたところで、東京の都心が０・０５マイクロシーベルトぐらいでしたから、それより高くて「本当に大丈夫なのかな」という思いもありました。

報道にもありましたが、作業員が使用したタイベックスーツやマスクなどの廃棄物が人工芝の雨天練習場にまとめて置かれていて、そこの数値が高いという情報も回ってきました。タイベックスーツやマスクなどは使い捨てなので、かなりの量になるのです。

ただ、施設内はほぼ０・１マイクロシーベルト以下で一定していたので、室内で作業する分には人体に影響を受けるほどではないことが確認できました。そのうち、原発問題が収束に向かい、ここでの除染作業もなくなっていけば、事故以前に戻るだろうという期待も少なからずありました。

雨天練習場に積まれた防護服などの廃棄物の山。

私は震災時までＪヴィレッジでともに汗を流してきたスタッフ一人ひとりに連絡してみることにしました。近況を聞くと、実際に仕事を探しているスタッフも多かったのです。施設の状況や放射能の数値も伝えた上で、「一緒にやらないか」と誘いの言葉をかけました。

しかし、思った以上に人は集まりませんでした。「Ｊヴィレッジでもう一度一緒に働きたい」と承諾してくれた人の中にも、後になって断りの連絡がくる場合もありました。

原発が近くにあるというリスクは皆がわかっていましたし、私も無理に誘うつもりはありませんでした。だから、謝られると逆にこちらが申し訳なく思いました。もし自分の子どもが同じような立場で誘われたら、親として賛成できるのかと言われると難しいところです。

「DREAM24」の設立

私には「ハーフタイム」とはまた別に、もう一つの計画がありました。独立して取りかかる事業はJヴィレッジ内のレストランだけにとどまるつもりはありませんでした。広野町に、町の人と作業員の方たち両方が利用できる自分のレストランを新しくオープンさせようと考えたのです。

独立して立ち上げた会社の名前は「DREAM24」。サッカー日本代表の海外遠征に帯同する時には、二十四番目の選手として、「24」の番号が入ったシェフコートを着て、厨房で戦っていきます。その精神と、Jヴィレッジにサッカーを取り戻したいという思いを「24」の数字に込めました。

最初は「TEAM24、出動します！ 福島に戻ります！」などと言っていたのですが、あるとき、義母が「それならDREAMのほうがいいわよ。夢は大事だから、夢を持ってやるように」と言ってくれました。復興への夢を託した「DREAM」という言葉が私の胸に強く響いたのです。

集まってくれた旧知のスタッフ

妻は長く勤めてきた航空会社の仕事に区切りをつけ、新しい就職先も都内で決まっていました。それなのに結局は巻き込んでしまいました。

私は料理人であり、接客や資金の運営などには自信がありません。その点、彼女は客室乗務員をやってきただけに接客のプロ。彼女以上の適任者はいませんでした。

ただ、妻には喘息の持病もありました。放射性物質が悪影響を及ぼす可能性があると医師から指摘を受けていたので、「ハーフタイムのオープンから三ヶ月」の期間限定で手伝ってくれるようにお願いしました。彼女に自分の思いを繰り返し伝え、ようやく折れてくれたのです。

店はすぐに軌道に乗るだろうと安易に考えていました。最初だけ手伝ってもらって、あとは後任者に託せばいい、と。結局は「三ヶ月」という約束を守れず、ずるずると引き込んでしまうことになります。

スタッフとして集まってくれたのは、二十代の女性一人、ベテラン女性スタッフ二人、三十代の男性一人、そして妻と私の計六人。妻以外は、以前一緒に働いていたメンバーです。

二十代の女性は、川崎さんです。電話をしたとき、ちょうど仕事を探しているところでした。慣れている場所で仲のいい皆とまた働きたいと言って来てくれることになりました。震災前、大学生だった川崎さんは、浪江《なみえ》町の自宅からJヴィレッジまで通って調理補助のアルバイトをしていましたが、震災が起こってからはいわきに避難していました。あとになって聞いたのですが、私が電話をしたときは、放射能のことはほとんど考えずに返事をしたけれど、よくよく考えたらやっぱり不安で、Jヴィレッジで働く若い作業員を見ると、同年代の人がいるのだから大丈夫だろうと安心したそうです。

私はスタッフが受ける放射線量には常に注意を払っていました。当時はJヴィレッジの入り口に場所ごとの空間線量が表示されていたので、毎日確認し、施設周辺のホットスポットも常に把握するようにして、スタッフに伝えられるように気を配っていました。スタッフも皆が線量計を持ち、安全かどうかを確認しながらやっていました。心配な人はマスクをしていました。

「ハーフタイム」をオープンする九月は、もう目前に迫っていました。まずやるべきことは、いまだに片づかない厨房を〝復活〟させることでした。ここには自衛隊が入っていたのですが、厨房は使っていなかったので、洗浄室やダクトなども掃除し直さなければならなかったのです。

このときの大掃除に私は参加できていません。次章で詳しく述べますが、サッカー日本代表の専属シェフとしての仕事も継続させていただくことになり、九月に入ると日本代表のウズベキスタン遠征に帯同していたからです。

スタッフは厨房に放置されていた大量のメラミンの食器をすべて洗浄機で洗い、厨房内を清潔に保つために、床や調理器具もすみずみまできれいにしてくれて、本当に頭が下がる思いでした。壊れていた炊飯器や冷蔵庫も修理してもらいました。あとは、オープンを待つだけです。

またオープンに合わせて、頼もしい〝助っ人〟も来てくれました。安心して任せられるプロの料理人を探していたところ、東京の懐石料理店「よこい」で私が働いていたときの先輩の料理人が、奥さんと一緒に手伝ってくれることになったのです。

スタッフは皆明るくて、ベテラン女性スタッフの坂本さんや若い川崎さんがうまくまとめてくれました。原発事故の収束に向けて頑張っている作業員の方々のために、少しでも力になりたい、この場所が元通りになってほしいという思いを私たち全員が共有していました。おそろいのキッチンユニホームに、おそろいの帽子……準備は完了し、オープンが待ち遠しくなっていました。

「ハーフタイム」をオープン、好評のワンコインランチ

プレオープンは二〇一一年九月十三日の夜でした。私は「いよいよ今日から始まる。気合を入れて頑張ろう」という気持ちでその日を迎えました。

関係者二〇名ほどを集めての立食パーティーで、食べ放題、飲み放題で二〇〇〇円という採算度外視の企画からスタートしました。サーモンマリネや鶏の唐揚げ、エビチリなど七〜八品をつくりました。

フクイチの事故の収束に向けて陣頭指揮に立った吉田昌郎所長も、顔を出してくれました。背が高く、気さくな感じの方という印象を受けました。

プレオープンは盛況でしたが、そのあと東電の社員や作業員の方々が三〇人ほど流れてくる事態に。これまで施設内でお酒が飲めるところがなかったせいかもしれません。

次から次へとお客さんが来てくれることは、翌日からのオープンに期待を抱かせるものでもありました。

「ハーフタイム」の入り口。

「ハーフタイム」はランチと夜の営業です。昼はアルコール類は提供しませんが、夜はお酒やおつまみも出すことにしました。

オープンに際して東京電力の岡田さんから、ランチを「五〇〇円」までにしてほしいという要請がありました。

当時、フクイチで働く作業員は約三千人。全国から集まった作業員の多くは、いわきなどにある宿泊施設から車でＪヴィレッジに来て、駐車場に車をとめ、防護服などを装備してここからバスでフクイチに向かいます。業務を終えるとここに戻ってきて、放射線量の検査を受ける必要があります。Ｊヴィレッジに近い広野町二ツ沼総合公園にも駐車場はありますが、ここには必ず立ち寄らなくてはなりません。

作業員の方は、現場で身の危険と隣合わせの中で緊張感に包まれながら仕事をしています。心身の疲労は、想像を超えるものでしょう。廊下や踊り場で寝ていた多くの作業員の姿がずっと目に焼きついていました。それは非日常的な光景でした。食事の時ぐらいは、日常を取り戻し、精神的にひと息ついてもらいたい。食事によって一日の疲れや緊張感をほぐし、身体と精神に栄養を行き渡らせて、毎日の現場に向かえるようにしてあげたいと思いました。

作業員の方のための食事も、スポーツ選手のための食事も、栄養のバランスを考えるという基本は同じです。肉料理と魚料理は必ず両方とも一品ずつつくり、ビタミンもとれるように葉物野菜や煮物なども加えて合計五品を心を込めてつくりました。白飯は毎食出して、そのほかの主食のメニューとしてうどんとそばを交互に出していました。翌年からパスタもメニューに加えるようになります、

食事の時間は一日の中でも楽しみの時間でないといけません。ハーフタイムを利用する作業員の方はほぼ毎日同じ方々です。毎日同じメニューだと飽きてしまい、栄養も偏ります。毎日の食事が楽しみになるように、メニューは日替わりにしました。温かい食事を、お腹いっぱい食べてもらい、活力を養ってもらいたい。そんな思いから、五〇〇円ワンコインのランチを〝食べ放題〟にすることに決めたのです。トレイに料理を並べて、好きなだけ食べてもらうようにしました。妻には「食べ放題にしたら、会社の経営が難しくなるよ」とクギを刺されていましたが、希望と理想ばかりに燃える私はせっかくの忠告を聞き入れませんでした。どうにかなるよ、と思っていました。

オープンしてから連日のように満席で店の外まで列をつくるほどでした。最初は食券販売器

も設置していない状態。引換券をつくっても対応しきれず、見かねた岡田さんたちが入り口に立って手伝ってくれたりもしました。お昼どきに、一気に二〇〇人を超えるお客さんが押し寄せる日もありました。九月二十四日の日記には「驚愕の二四二人」と記しています。

震災から半年。八月に楢葉町の「警戒区域」の指定が解かれ、広野町の「緊急時避難準備区域」の指定も九月三十日に解除されることになりました。ようやく明るい兆しが見えそうな時期でもありました。

九月には、Ｊヴィレッジのスタジアムに、東京電力の仮設の単身寮が一〇〇〇室、さらに、その東側にも六〇〇室つくられ、そこからハーフタイムまで通うお客さんも多くいました。

「温かいごはんと温かい味噌汁を食べられるだけでうれしいよ」

「おいしい。仕事頑張れるよ」

お客さんから温かい言葉をいただきました。時折、顔を出してくれる吉田所長も「今日もおいしかったよ。ありがとう」と言ってくれました。心身ともにくたびれた様子で静かに食べている人もいれば、寝てしまいそうな人もいました。

ハーフタイムをオープンしてから、フクイチや福島第二原子力発電所（以下、フクニと略記）で働く人は、現地採用の地元の人が多いことに気づきました。「ハーフタイム」で地元の人と偶然再会して、フクイチで働いていたけれど線量がいっぱいになりそうなので、フクニに移る、といった近況を聞くようなことも度々ありました。

「放射能にいいのは味噌とビールと牛乳らしいね」と作業員の方から言われたことも。作業

Ｊヴィレッジ館内には全国から届いた激励のメッセージが飾られている。

員の方は一日に浴びる放射線量の上限が決められています。現場から帰ってきて、「俺なんかモルモットだから」とおっしゃる方もいました。数値と向き合いながら作業の日々を送ることの厳しさをひしひしと感じました。

施設の中には全国各地から届いた応援メッセージや激励の千羽鶴などが飾られてはいますが、サッカーの聖地だったときの活気と夢が溢れる空間とは正反対の、暗くて重い空気に支配されていました。

身の危険を冒してまで、毎日現場で作業をする方々に比べれば、安全なところに身を置きながら私がやっていることなんて、ちっぽけなことです。それでも「ありがとう」の一言をもらうと、少しは役に立っているのかもしれないという気持ちになりました。作業員の方に負けないぐらい、がむしゃらに働くしかありませんでした。

食材の仕入れに苦労する

作業員の方は、曜日に関わらず、常に仕事をされています。食事を楽しみにしているお客さんがいる限りは、店を開けてあげたい。そう思うと、休みの日がまったくなくなりました。「ハーフタイム」をオープンしてから、怒涛の日々が続きました。

震災前、毎日欠かさずしていた朝礼は、忙しくて最初の一週間で続けられなくなりました。代わりに、大事なことは仕事をしながら皆に話すように心掛けています。食中毒予防の注意事項、放射線量のことから一週間の予定まで。

食材の仕入れには苦労しました。震災前は業者に来てもらっていたので、自分で買い出しに行く必要はありませんでした。しかし震災後は、再開している業者が限られていました。冷凍のものは馴染みの浪江町の業者が南相馬市に仮店舗をつくって続けていたので、その方に頼んでいましたが、一週間に一度しか来てもらうことができません。というのも国道六号線が工事関係者しか通行できなくなっていて、Jヴィレッジまで三時間半くらいかかってしまい、頻繁には来てもらえないのです。食材は自分の足で調達するしかありません。安全でおいしい食材を自分の目で確かめて選びたいですし、少しでも値段を抑えたいので、ランチタイムが終わってから片道一時間かけていわき市の市場に毎日買い出しに通うことにしました。Jヴィレッジ

の周辺には食材を買える店がなく、一番近いのがこの市場だったのです。魚や肉、野菜を注意深く選び、麺はいわきの工場まで直接引き取りに行きました。

買い出しに行って食材を見てからメニューを決めるので、店のメニューは毎日手書きでテーブルの上に置いていました。

食材の仕入れでとりわけ苦労したのが米です。震災前は、南相馬の実家でつくっている米を使っていました。特に震災の年は、米が手に入らず、困りました。手に入っても、くず米でおいしくないのです。開店当初は浪江町の業者が宮城産の米をなんとか運んでくれました。

そういった状況を察してくださった日清オイリオさんが、Ｊヴィレッジで使うドレッシングとマーガリン、サラダ油などを提供してくれて、とても助かりました。震災前には日清オイリオ後援によるサッカー大会がＪヴィレッジで行なわれ、栄養セミナーなども開かれていたのです。Ｊヴィレッジでまたサッカーが行なわれる日を望む思いを共有していると感じ、心強く思いながら仕事に向き合う日々が続きました。

妻に助けられる

食材の仕入れをはじめ、何から何までやりながら、マニュアルもない中で、レストランを運営していかなければなりません。妻にはとにかく助けられました。

ホールを任せていた妻は、何よりもレストランに明るい雰囲気を持ち込んでくれました。原発業務にあたるお客さんの多い「ハーフタイム」は、少し重い空気になることもあります。でも明るい彼女を目当てに来ていたお客さんもいたほどです。

時には厨房に入ってもらって、材料の切り方や、盛り付け方なども学んでもらいました。調理補助の知識も得てもらいたかったのです。

また、スタッフが増えてくると彼女なりに「マニュアル」をつくり、オンザジョブトレーニング、すなわち実際の業務と併行して職業教育も行なうという提案をしてくれました。売り上げや給料明細の計算を私と手分けしてやるなど、彼女の仕事は多岐に渡ります。スタッフに悩みがあれば、聞き役にもなっていたようです。これ以上ないパートナーとして、会社と私を支えてくれました。

「アルパインローズ」をオープン

Ｊヴィレッジ近くの広野町二ツ沼総合運動公園内にある「ふるさと広野館」二階の飲食スペースが空いていることを知ったのは、「ハーフタイム」をオープンする以前の、五月頃でした。そこにレストランをオープンさせたいと、広野町の産業課に申し出たのです。復興に向けてその施設を利用したいと考えていた広野町の役場からは、「働く人たちに食事と憩いの場を提供してほしい」と快く貸していただけることになりました。

店の名前は私の心の中でもう決めていました。Ｊヴィレッジの、あの閉鎖されたレストラン

「アルパインローズ」です。夢と希望に溢れ、サッカーの聖地だったＪヴィレッジを忘れてほしくない。今までＪヴィレッジのアルパインローズを利用してくれていたお客さんがまた来てくれるようにとの願いも込めました。店名の使用許可をＪヴィレッジにいただきました。

二ツ沼総合公園は一九九〇年に町内初の総合運動公園として誕生しました。それまで広野町には子どもを連れて遊びに行ける公園がなかったので、町民に待ち望まれてつくられました。公園内には広大な芝生広場やバーベキュー施設などがあります。この公園の目玉は何といってもパークゴルフ場です。二ツ沼総合運動公園をつくるときに、世代を超えて楽しめるようなものが何かないかと考えた当時の役場の担当者たちが、パークゴルフ発祥の地である北海道の幕別《まくべつ》町まで視察に行き、導入を決めたそうです。

このアイデアが功を奏して、パークゴルフは男女を問わず子どもからお年寄りまで楽しめるスポーツとして人気を集め、年間八万人もの人がこの公園を訪れるようになっていました。

Ｊヴィレッジ内のレストラン「アルパインローズ」は閉鎖されたまま。

パークゴルフ場に隣接して二つの施設が建てられました。「ふるさと広野館」と「リフレッシュ館」です。「ふるさと広野館」は一階が土産物販売とパークゴルフの受付、二階がランチだけ営業のレストランです。

「リフレッシュ館」は大浴場とサウナ、ジャグジーなどが楽しめます。小高い丘の上に建つ「ふるさと広野館」「リフレッシュ館」は、広野町のシンボルのような存在でした。

しかしながら、震災によって施設は多大な被害を受け、閉鎖されていました。公園内にある宿泊施設「合宿の宿」やフラワーパーク内の建物などは、原発の収束作業にあたる業者に貸与し、大勢の作業員の宿泊施設や事務所として使われていました。芝生広場には砂利が敷かれ、東電環境（現・東京パワーテクノロジー）の事務所と作業員の宿舎が翌年建てられました。

町のシンボルである「ふるさと広野館」「リフレッシュ館」が再開することは、町にとって大変に意義深いことです。ここに「アルパインローズ」をオープンして、作業員の方々においしい食事を提供することで力になり、さらには広野町の住民の方々にとっても憩いの場としていただくことで、町の人たちが戻ってくるきっかけになれたらと願っていました。

「ふるさと広野館」の天井は落ち、エアコンは壊れて、室内は片付けようがないほどの状態になってしまっていました。再開するためには修理が必要でしたが、修理をする業者は、別の地域に避難したり、町内の火力発電所の復旧にあたるなどしていたため、なかなか作業が進みません。

レストランの片付けや掃除も、スタッフだけではとても手に負えないほどです。そこで広野

広野町二ツ沼公園内にある「ふるさと広野館」と「リフレッシュ館」。
２階がレストラン「アルパインローズ」。

町に戻ってきている農家のおばあちゃんたちにお願いして手伝っていただきました。レストランがオープンすることを「町の活気につながればいい」と言って喜んでくださったことを大変うれしく思いました。

広野町では「緊急時避難準備区域」の指定が九月三十日に解除されたことを受け、行政組織に「除染対策グループ」を新たに設置し、翌年一月には公共施設及び各家庭の除染をスタートさせる準備をしていました。住民の帰還を目指して、町全体の動きがはっきりと見えるようになってきていました。

「リフレッシュ館」が一足早い十月十七日にオープンし、レストランの開店準備がようやく整った十一月一日、「ふるさと広野館」二階に「アルパインローズ」がオープンしました。

開店準備を手伝ってくれた広野町の農家のおばあちゃんに、涙を流しながら言われた言葉が忘れられません。

「西さん、ここの明かりを消さないでね。誰もいなくなった、何もなくなったこの町を照らすように明かりがつくとほっとするのよ」

「緊急時避難準備区域」の指定が解除されたとはいえ、人影が少なく、夜になると真っ暗な町でした。おばあちゃんたちは、このレストランが、人が住まなくなった広野の希望の灯となることを願ってくれていたのです。

夜に食事ができてお酒が飲める飲食店が周辺になかったこともあり、オープンすると思った以上に多くの反響がありました。といっても、戻ってきている住民は、お年寄りばかりでしたので、住民のお客さんは少なく、原発の収束に向けた作業や除染の作業をしている方々がほとんどでした。

アルパインローズでは「玉ちゃん餃子」など広野の恵みを使ったメニューを意識して取り入れました。居酒屋のように利用できるよう、おでんや鍋物を加えるなど工夫を凝らし、お酒も地元のものが中心。原発関連の業者の方が宴会で利用してくれるなど、うれしい悲鳴という言葉がぴったりなほど年末にかけて多忙を極めました。

すぐに人手が足りなくなり、スタッフを増やさなければならなくなりました。それまでは放射能のことが心配で躊躇《ちゅうちょ》していたけれど「ハーフタイム」で働いているスタッフの話を聞いて、戻ってきてくれる人もいました。

この周辺で働くのであれば、時給一四〇〇円のところもある中で、私のところは一〇〇〇円が限界です。それでもスタッフは「給料は少なくてもいいから、一緒に頑張っていきましょう」と言ってくれます。大人数の宴会の予約が急に入った時も「どうしようか」と困っていると「やるしかないですよ」と迷いもなく言う、そんなスタッフたちの気概に背中を押されることも多いのです。皆の頑張りに応えて売り上げを伸ばして、時給を少しでも上げたいと思っていました。

多忙を極めた年の瀬

Jヴィレッジの「ハーフタイム」では、夜はセットメニューの食事に、要望の多かったお酒を東電の許可を得た上で提供することにしました。アルコール類の自動販売機が使えなかったので、温かい食事と一緒に晩酌できたら、作業員の方のささやかな楽しみになると思ったからです。

するとランチだけでなく、夜もにぎわうようになっていきました。ワイワイガヤガヤと明るく飲むグループもあれば、一人で飲みすぎてしまうお客さんもいます。それまで我慢してきた反動なのか、アルコールを摂取しすぎる人が多かったので注意して見守るようにしました。極端に抑圧された精神が解放されたときの、あれほどの反動を見たのははじめてです。それだけ日々のストレスが積み重なっていたということなのでしょう。

「ちゃんとしたご飯が食べられるようになった上に、飲みすぎて、太っちゃうよ」と苦笑いするお客さんもいました。そんなふうに笑顔で冗談を言い、ここの食事を楽しみにしてくれるお客さんがいることをうれしく思い、やりがいを感じていました。原発業務が今日で最後という人に「一緒に飲みましょう」と誘われたこともあります。いろいろな方と交流できるのも、ひそかな楽しみでもありました。

「ハーフタイム」は休日なしで営業し、スタッフにある程度任せていた「アルパインローズ」は夜の営業です。両方の店の仕込み、調理だけでなく、仕入れや売り上げの計算などの仕事が増えていき、毎日がてんてこ舞いでした。

できれば広野町のお店で食材を購入したいと思っていましたが、個人経営の店で戻ってきたのは酒屋さんのほかに精肉屋さんぐらいしかありません。町のスーパーが再開する目処は立っていませんでした。だから毎日いわき市まで買い出しに行かなければなりません。

夜の閉店後、もうひと仕事が待っています。私と妻は売り上げや仕入れ、それにスタッフの給料などの計算もやらなければなりません。気づくと時計の針は十二時を回っていて、寝るのはいつも午前二時頃でした。

住まいは、「ハーフタイム」のオープンに合わせて、Jヴィレッジのアカデミー寮の管理人室に妻と二人で移ることにしました。アカデミー寮は敷地外にあり、徒歩十分。夜十二時まで仕事を終えられない私たちにとって移動時間が少ないことが、せめてもの救い。スタッフは避難先のいわき市から車で通勤する人がほとんどです。

十一月二十一日からは「ハーフタイム」の隣のスペースを東電の従業員食堂とすることになり、それも手がけることになりました。昼と夜合わせて五〇人分ぐらいの食事を提供することになりました。

一日一日の作業に忙殺されながら、二〇一一年も年の瀬を迎えていました。

あの忌々しい3・11を経て、東京での避難生活、独立してのJヴィレッジ復帰……本当にいろいろなことがありすぎた一年でした。心の整理がつかないまま、ここまで走ってきました。

原発事故の収束という大きな課題は残されたまま。いつ再び事故を起こすとも限らず、この場所で、このまま突き進んでいいのか、という不安がないわけではありません。

しかしその一方で、私にとって大切な福島の地で、新しい一歩を踏み出せたことに充実感のようなものがありました。「ハーフタイム」「アルパインローズ」ともに滑り出しは順調でしたし、お客さんも喜んでくれているという手ごたえもありました。広野町、楢葉町に少しでも活気を取り戻すという〝DREAM〟がいつか実現できるのではないか、という期待も少しずつではありますが、ふくらんでいくのを感じていました。

しかし――。

この先、私は自分の見通しの甘さに愕然とすることになります。よかったのは最初だけで、茨の道に足を踏み入れたことを思い知ることになるのです。このときの私は理想ばかりに燃え、迫り来る現実を見ていませんでした。

誤算の始まり

希望を抱きつつ二〇一二年が明けました。

妻とは、二〇一二年一月二十三日に、ようやく籍を入れました。会社が黒字になったら籍を入れてもいいと妻に言われて頑張ってきましたが、結局は〝粉飾決算〟を妻が認めてくれる形になりました。

一月二十三日は、私の五十一度目の誕生日。避難先から広野町に戻ってくる人が少ないので、婚姻届を出すと役場も喜んでくれるかなと思ったのですが、意外にも「受理しました」と事務的に言われただけでした。私は震災後移動した東京から、妻も東京から住民票を移す手続きを同時に行ない、これでようやく広野町の一員になれたという思いもありました。

新たな気持ちで頑張ろうと思っていた矢先でした。

大きな変化があったのは、「ハーフタイム」のほうでした。

Jヴィレッジで行なわれていた放射線量の検査と車両の除染設備が、フクイチに段階的に移されることになり、作業員の方が、中継地点であるJヴィレッジに立ち寄らなくてもよくなったのです。宿舎と現場の往復が可能になったわけです。Jヴィレッジを使うのは東電関係者と駐車場代わりに利用する作業員の方だけになってしまいました。

放射能に汚染された車両が通らないのは、町にとっても私たちにとっても歓迎すべきことではあります。「緊急時避難準備区域」の指定が解かれたといっても、住民の皆さんが帰ってこないのは、何より放射能の影響による心配が拭えないからです。その意味でも、大きな一歩であることは間違いありません。

ただ、会社の経営を考えると、これによってかなり苦しくなりました。一日に二〇〇人ほどいた利用者が三分の一に減ってしまったのですから。

経営が厳しくなってくると、当然ながら「ハーフタイム」でのワンコインランチ、食べ放題が首を締めつけてきます。米の仕入れ値などは依然として高い状況にありました。食べ放題だから仕方がないのですが、エビフライを一度に六本、七本も持っていかれると、やはり採算が取れなくなってきてしまいます。カレーの付合せで出す福神漬けを、カレーが埋まるぐらいてんこ盛りにするお客さんもいました。野菜の仕入れも決して安くはないので、サラダの食べ放題は真っ先に止めざるを得ませんでした。

また、食券販売機を導入しても食券を不正に使い回すお客さんもいました。食券には日付けも何も入っていないので、今日購入したプラスチック製の食券をスタッフに渡さず翌日また使う人が出てきました。一日の業務を終えて食券を数えると、チケットが日に日に少なくなっていたのです。

作業員の中には苦しい金銭事情から、原発の仕事を選んできた人もいます。生きるために必死なわけですから、そういった事態も起こり得ることは想定しておかなければなりませんでした。私の想定の甘さとしか言いようがありません。

ビュッフェには毎回、肉料理と魚料理の両方が並ぶ。

温かい物を好きなだけ食べていただき、仕事への活力にしていただきたい――。その理想に燃えていたのですが、このまま続けるのは難しいと判断して、食べ放題そのものを取り止める苦渋の決断をせざるを得なくなったのです。

ビュッフェスタイルではありますが、たとえば「エビフライは二本まで」などと数に制限をつけるようにしました。

お客さんとのやり取りの中で、面白いエピソードもあります。

食べ放題だったチャーハンを「一杯まで」としたところ、あるお客さんは二つの茶碗それぞれにチャーハンをすり切り一杯入れて、合わせてひっくり返し、二杯分を一杯にしたのです。

これはもうお客さんの勝ちとしか言いようがありません。「いいですよね」と聞かれたので「一杯は一杯ですから、かまいません」と苦笑しながら答えましたが、心の中で「やられたな」と思いました。それに数量を制限したところで、お構いなしに持っていくお客さんは相変わらずいます。私は、ここでこの仕事を続けていく難しさを段々と感じていくことになります。

なかなか戻らない住民

一方の「アルパインローズ」は盛況を保っていたとはいえ、今まで広野町になかった飲食店がポツポツと増えていくようになります。町に活気が戻るなら、これも歓迎すべきことです。しかし、住民の皆さんがほとんど戻っていない現状では、少ないパイを取り合うだけでした。いわき市の学校を借りて再開していた広野町の小学校、中学校が、二〇一二年八月に広野町の校舎に戻って、二学期から授業が行なわれることになりました。しかしほとんどの子どもたちが避難先のいわき市などからスクールバスで通学していました。いわき市に設置されていた広野町役場も、住民の帰還を促す意味もあり、広野町に戻ってきました。しかしながら効果があったとは感じられませんでした。

少しずつでも地元の人たちが戻ってくるようになれば、「アルパインローズ」の利用客が増えるかもしれないと期待するところですが、それは望めませんでした。

震災から時間がたつにつれて、ようやく、フクイチの実際の状況が徐々に報道されるようになりました。震災直後の水素爆発によって流れ出た放射能の数値が明らかになったのも、だいぶ後になってからのことです。私は常に正確な情報をすばやくキャッチし、国や行政の動きを知りたいと思っていたので、車で移動する時にはたいていニュースか国会中継を聴いていました。フクイチに関する情報は遅れて報道されます。新しい情報が報道されるたびに、住民は不安を募らせ、ますます町に戻ることを躊躇してしまうのです。

夜になると依然として、町は暗闇に包まれていました。私は地元の人たちの希望の光になってほしいと思いを込めて、小高い丘の上にある「アルパインローズ」をオープンしてからずっと、まばゆいほどの明かりで照らしていました。エアコン代などもあわせて光熱費は毎月二〇万円ほどに膨れ上がっていました。食材の費用も重くのしかかっていたので、私は悲痛な思いで照明を最小限にとどめることを決断しました。「明かりを消さないでね」とおばあちゃんにあれほど頼まれていたのに、その約束を反故にしてしまったのです。理想ばかりを見て、現実には追いつけない自分が、何だか恥ずかしく思えてなりませんでした。

「おばあちゃん、ごめん」

私は心の中で頭を下げました。

心が震えた花火大会

二〇一二年八月十一日、広野町築地ヶ丘公園で一年ぶりに花火大会が開催されました。花火

2013年8月11日「広野町サマーフェスティバル」で、お好み焼きをつくりながら町の人とふれ合った。

大会は毎年恒例のイベントですが、震災が起こった年は開催できなかったのです。

会社のスタッフたちはこの花火大会を楽しみにしていました。町を挙げての久しぶりのイベントでしたから。東京から長女も手伝いに来てくれました。私たちは、築地ヶ丘公園に屋台を出店してお好み焼きをつくることにしました。「ふるさと広野館」には、かつて、お好み焼きのお店が営業していたので、鉄板などの調理道具がそろっていたのです。生地にすりおろした山芋を入れ、エビ、イカ、豚肉、と具だくさんでリーズナブルであることが西流お好み焼きのポイント。震災前は、夏に花火を見るのは当たり前のことでした。幼い頃からの夏の楽しい思い出として心に刻まれています。私も久しぶりの花火に胸が躍りました。

会場に着くと、あいにく雨が降り始めてしまいました。ザーッという夏の雨ではなく、シトシトと静かに降る雨でした。

住民が町に戻らない状況が続いていましたし、小雨が止みそうもなかったので、人はあまり集まらないだろうなと思っていました。

ところが、花火の打ち上げ時間になると、会場には溢れるほどの人が集まってきたのです。若い人や家族連れでにぎわい、忘れかけていた子どもたちの元気な声があちらこちらから聞こえてくるではありませんか。浴衣を着てはしゃぎ回る子どもたちでいっぱいなのです。

お好み焼きの屋台にも人が集まり、何だか震災前の広野に戻ったようでした。これを夏の夢、一睡の夢というのでしょうか。夢なら覚めないでくれ、とも思いました。

お好み焼きがひと区切りつくと、私は妻や長女、スタッフたちと一緒に花火を眺めました。あんなに美しい花火を見たことがありません。少年時代に南相馬で見た花火を思い出しました。心を奪われるような鮮やかな光。闇の中に次々に咲いて、流れるように散っていく。あれから何十年も経ってから見る花火は、私にとっては希望の光に見えました。

花火を見上げながら気がつくと、熱い雫が私の頬を濡らしていきました。なぜ、こんなにも涙が出てくるのか不思議なくらい、涙がとまらないのです。

泣いていたのは私だけではありませんでした。集まった人たちは、傘もささずに、夜空に咲く光の花を強い眼差しで見つめていました。雨と涙の区別もつかず、誰もが空を見上げながら、涙を流していました。打ち上げられる花火の残像が、亡くなった人の面影と重なっていくようにも思えました。どうして町がこんなふうになってしまったのかという悔しさと、ようやく花火が打ち上がるまでになったうれしさ。震災前の普通の生活や、亡くなった人のことなどを思い出して、生きていることをかみしめ、自分の心と対話をしながら、一人ひとりが静かに花火を見つめていました。

住民の皆さんに早く戻ってきてもらえるために、自分が何をすべきなのか。私はずっと考えてきたつもりでしたが、その一方的な思いは「エゴ」なのではないかと、花火をきっかけにして気づかされました。

避難先から駆けつけた町の人たちは皆、けっして故郷を忘れていたのではなかったのです。帰りたくても、帰れないのです。花火大会で感じたのは、町の人たちの故郷に対する強い郷愁でした。

私は思い直しました。一年に一度でもいい。イベントの際に戻ってきてもらうだけで、十分じゃないのか、と。

花火大会の数日前、こんな出来事がありました。南相馬の実家に戻ろうとしたとき、フクイチの脇を通った際に線量計がビービーと鳴って止まらなかったのです。毎時8・0～10・0マイクロシーベルトを指していました。いわゆるホットスポットを通ってしまったのですが、近くのエリアにこういったところがある以上、子どもや妊婦の方が戻ってきて生活していいはずがありません。

心ひとつに
広野町

手抜き除染の問題も報道されていましたが、それ以前に、山をいくら除染したところで、山の木を全部切ってしまうぐらいでないと放射線量は戻ってしまうとも言われています。放射能の問題は簡単に解決するものではないと、日を追うごとに実感するようになっていました。

農業や漁業などについても、近海でとれた魚や農作物は必ず放射性物質検査をしなくてはなりません。ここで震災前の生活を取り戻すことはあまりに難しいことなのです。

私は焦っていたのかもしれません。早く住民の方々に戻ってきてもらいたいと、安易で一人よがりの理想ばかり追っていました。そうではなく、現実を直視しながら理想は胸の中にしまって、自分がやるべきことをコツコツと積み上げていくしかないのではないか。皆が安心して暮らせる状況になるまで焦らず辛抱強く店を続けることが、町の復興の一助を担うことになるのではないか。やるべきことをやるだけだと思うと、何だか気持ちがスッと軽くなり、不思議と力がわいてきました。

「ハーフタイム」の夜のお客さんがわずか二人という日もありました。

しかしもう後戻りはできません。

家族のためにもスタッフのためにも、この福島で、Ｊヴィレッジで生き延びなければなりません。それが現実です。

負けちゃいけない

経営を続けるためには、何か手を打たなければなりません。まず夜のみの営業だった「アルパインローズ」でランチを始めました。

ランチのお客さんの大半は近所のおじいさん、おばあさんたちです。広野町に戻ってきている住民二〇〇人ほどのほとんどが高齢者でした。広野の小麦粉を使った「ひろの饂飩《うどん》」は高齢者の方々にも人気。「おいしいよ」と言ってくれるだけで、少し救われた気持ちになりました。

売り上げが減っても、食材の質、料理の質を落とすわけにはいきません。最初から「安くておいしい」がテーマですから、ぜったいにそのこだわりを捨てるわけにはいきません。

震災の翌年の九月、おいしい新米を安く仕入れたいと思って探していると、楢葉町の方が避難先の会津美里の役場の人に聞いて、農家の方を紹介してくれました。そして会津コシヒカリを、かなり安くしてもらうことができたのです。

「しょうがねえべ。お客さんにおいしい米を食べさせてやってくれ」と言ってくれましたが、採算が取れるかどうかギリギリのラインだったのではないでしょうか。私は大きなトラックを借りて会津と須賀川の農家に仕入れに出向きました。スタッフが新潟の農家からも仕入れてくれて、全部合わせると、一袋三〇キロの米を二五〇袋購入できたのです。新米は流通する前に押さえておかなければならないので、それぐらいの量は最低でも必要でした。

Jヴィレッジに持ち帰ると、スタッフ総出で男子更衣室まで運び、そこを保管場所にしました。低温を保つため、細心の注意を払いました。震災の影響で一年間米の仕入れに苦労してきただけに、おいしい新米を確保できて少しほっとしました。

“手づくり”にこだわった弁当。

仕入れ用の自家用車はバンから中古のプリウスに換えました。荷物を乗せるスペースは狭くなりますが、いわきまでの燃料代は馬鹿になりません。買い出しの時には、いつも助手席までぎっしり詰め込んで、載せられるギリギリの量を購入します。

さらに「DREAM24」は、大勝負に打って出ます。それが弁当業界への参入でした。

Jヴィレッジを利用する作業員は少なくなる一方でしたが、広野町、楢葉町には原発関連の仕事を請け負う業者の事務所などが数多くあるので、そこで何とか売り上げを伸ばせないか、という思いで始めました。これでもし失敗したら、経営がさらに厳しくなることは明らかです。意地でも成功しなければなりませんでした。

「ハーフタイム」のランチメニューを弁当にすることで、日替わりで楽しめる弁当が出来上がると気づいたのです。

値段は四〇〇円。おかずの中身には自信がありました。スーパーで売っている惣菜などは一切使わずに、栄養のバランスを考えながら、きんぴらごぼうからすべて〝手づくり〟であることを大切にしています。ステーキ弁当やちらし寿司の日もあり、スタッフからも「豪華ですね」と言われるほどですが、弁当の業者はすでに多く存在し、他社が三二〇円や三五〇円である以上、ぎりぎりの値段でやるしかありません。

さらに売りにしたのは〝ホッカホカ〟でした。いわきなどから運んでくる業者と異なるのは、広野でつくっていることです。弁当を温かいまま提供できる利点がありました。

弁当を始めると、多くの注文が舞い込むようになりました。というのも妻が片っ端から飛び込み営業をしたのです。原発関連業者をはじめ、役場、警察、消防、社会福祉協議会などから注文が入りました。弁当の配達範囲は、フクニまで。往復四〇分はかかります。妻はペーパードライバーだったのに、福島に戻ってから運転を覚え、プリウスでどこにでも営業に出かけていました。「アルパインローズもよろしく」としっかり宣伝もしてきます。本当に頼りになるパートナーです。

長女が「DREAM24」の一員に

東京の外食チェーン店で働く長女の彩美は、こちらが多忙になると手伝いに来てくれていました。「ハーフタイム」は年中無休ですし、弁当を始めてからは慢性的な人手不足に陥っていたのです。ハローワークに求人情報を出しても、フクイチが近い上に、広野町の他の職場より時給が低いとなれば、来てくれる人はなかなかいなくて困っていました。

彩美は外食チェーン店で接客長を任されていただけに、ホール業務は慣れています。「彩美が来てくれたら、皆が少し楽になるかもな」と次第にそんな思いが強くなっていきました。

震災後、Ｊヴィレッジに戻ってからも、東京で避難生活をしている両親のことが気になっていたので、時間をつくって妻と東京に行くようにしていました。彩美と三人で食事をしたこともあります。

彼女には東京での生活がありましたし、甲状腺に持病を抱えていました。勤務している外食チェーン店は震災のときに一週間の休みを与えてくれるなど理解もあり、彩美に対してとてもよくしてくれていました。それでも何度か広野に来て手伝ってもらううちに、彼女自身が考えて、二〇一二年十二月に会社を辞め、「ＤＲＥＡＭ24」の一員になってくれました。「アルパインローズ」のホールを中心に任せることにし、大きな戦力になっています。

彩美は小学校五年から高校三年までの八年間しか南相馬に住んでいませんが、地元に帰るような感覚だったようです。昔は夏休みになると、よく南相馬の海に海水浴に連れていきました。彩美が飛び込みをしたら、テトラポットについていた貝で怪我をしたことなども、今となっては懐かしい思い出です。

その海が町を襲い、友だちの家が流され、友だちとバラバラになってしまって、彼女は今でも南相馬の海と周辺を見ることができません。住めなくなった南相馬の家にも行くことができません。地元に帰ると言っても、彼女なりに複雑な思いがあった上で、決断してくれたのです。

ランチの値上げに踏み切る

弁当業務を始める前は「ハーフタイム」に九時に出勤、十一時に開店でしたが、基本的には私と妻が一時間早く出勤して、十一時までにランチの準備と弁当の盛りつけをすませなければなりませんでした。

弁当が出来上がったら、今度は配達です。はじめのうちは私と妻の二人で手分けして配達をしていましたが、一番遠いフクニにいる業者の方に届けると往復で四十分ほどかかります。その間に「ハーフタイム」でパスタなどの調理もしないといけないので、弁当業務が定着してからは、配達をスタッフに任せることにしました。弁当は特に配達の時間を厳守しなければなりません。出勤して十一時までは時間との戦いです。

そしてさらなる改革を決断せざるを得なくなります。食べ放題から数量制限のあるビュッフェ形式にした「ハーフタイム」のランチを、一〇〇円の値上げに踏み切ったのです。また、食券の使い回しができないよう、妻のアイデアでプラスチック製のチケットの色を一日ごとに変える工夫もしました。

スタッフの時給は下げざるを得ませんでした。時給一〇〇〇円でも安いのに、オープンから一年後には、人によって九〇〇円、八五〇円にしてもらったのです。それでも「給料はもっと安くていいですから」と言ってくれるスタッフもいました。もっと高い時給で働けるところはあるのに、皆が我慢してくれました。スタッフ一人ひとりの励ましや頑張りが、本当にありがたく、また自分の不甲斐なさに申し訳ない気持ちでいっぱいになりました。

時間に追われながら日々の業務をこなすことに必死でした。弁当は毎日四、五〇ほどの注文があるなど、何とか上向いていきそうな気配は感じていました。しかしその裏で「DREAM24」は最大の危機を迎えていました。

奇跡のV字回復

妻も彩美も、そしてスタッフ一人ひとりも一生懸命やってくれていました。それなのに、二〇一三年の年が明けるとますます経営が苦しくなっていました。

それにはいくつかの要因がありました。「ハーフタイム」は、Jヴィレッジのスタジアムにつくられた東京電力の仮設寮から来るお客さんが多かったのですが、その仮設寮を出て、いわきに移っていく人が増えたのです。

そして、Jヴィレッジのホテル棟を利用していた東京電力の方が、スタジアムの仮設寮などに移っていきました。Jヴィレッジ内に事務所を構えていた協力企業も徐々に出て行き、いなくなっていったのです。

また、作業員やメーカー関係者の入れ替わりが激しく、オープン当初によく来てくれていたお客さんが転勤や異動になり、常連客として定着してもらうのは難しいと感じ始めていた頃でした。

弁当や「アルパインローズ」の収入で何とか持ちこたえていましたが、一月は売り上げがこれまでにないほど低調でした。通帳を見てみると、あと一ヶ月分しかスタッフの給料を払えないくらいになっていたのです。

店を畳む覚悟はできていました。

やるだけやったんだから仕方がないという思いと、私を信じてついてきてくれた皆には申し訳ないという思いしかありませんでした。

そんなとき、Jヴィレッジ内に東電の復興本社が設置されるというニュースが飛び込んできました。

「ここに千人くらいの人が勤務することになるのなら、どうにかなりそうだ。よかった」と心の中で期待しましたが、喜びもつかの間、よくよく聞いてみるとJヴィレッジに配属されるのは三〇人ほどだということでした。事態を打開しようにもどうしても他力本願の部分が大きい。自力ではどうにもならないむなしさがありました。東電からJヴィレッジをどう利用するかについて、事前に情報が伝わってくることはありません。常にその時々のニュースに一喜一憂せざるを得ないのです。Jヴィレッジの利用状況の変化に左右され、まったく先を見通すことができません。

弁当も始めましたし、これ以上のアイデアを私も妻も持っていませんでした。もう限界かな。そう思っていたら、突如として風向きが変わり始めたのです。

2013年1月からJヴィレッジ内に「東京電力 福島復興本社」が設置された。

まず東電が新たにボランティアの人を四月からJヴィレッジに呼ぶことになり、その方たちに食事を提供する仕事を請け負うことになりました。朝、晩の二食です。いつまで続くかは未定でしたが、それだけで多い日には四、五〇人ほど単純にお客さんが増えるわけですから、大きなプラス要素でした。

ボランティアの方々は、避難している人たちの家の片付けや瓦礫の撤去などを行ないます。これまでホテル棟に寝泊まりしていた人たちが年明けから順々に出て行ったのは、ボランティアの方々が入るためでもあったのです。

また一日に四、五〇個だった弁当の注文を、四月に入ってから二倍近く受けるようになっていました。そして、弁当の配達時の宣伝や、メディアの取材を受けた効果もあったのか、「アルパインローズ」にもお客さんが増えるようになってきたのです。東京からバス一台で巡る「福島ツアー」のコースに組まれたこともありました。

店を畳むことまで考えていた時は、まさかこんなことが起こるとは思ってもみませんでした。奇跡のV字回復を果たしたのです。何がどう、好転するかはわからないものです。土壇場に追い込まれてからのこの回復ぶりによって、危機にあった会社の経営は軌道に乗っていくようになるのです。

それもこれもスタッフ一人ひとりの頑張りがあったからです。感謝の気持ちしかありません。二〇一三年六月には少ないながらもスタッフにいくらか賞与を出せるまでになりました。

私自身に力などありません。これまでの多くの人たちとの出会いが私をここまで導いてくれたのだと思います。

また、サッカー日本代表の専属シェフという、やり甲斐のある仕事を続けてきて、どんなに苦しい時でもぜったいにあきらめない気持ち、仲間と一緒になって戦う気持ちが心に根づいていました。

サッカーファミリーの精神に支えられていたからこそ、最大の危機を乗り越えることができたのではないかと思っています。

第三章

サッカーファミリーに支えられて

サッカーファミリーからの支援

私が今、再びJヴィレッジで仕事を続けることができているのも、サッカーファミリーの皆さんの支えのおかげだと思っています。

サッカーファミリーとは、サッカーにかかわるすべての人々を指すものです。日本サッカー協会（JFA）のホームページには「サッカーを通じてスポーツ文化を創造し、人々の心身の健全な発展と社会の発展に貢献する」という理念のもとに、サッカーファミリーの仲間を増やしていきたい、と明記されています。私は一介の料理人ではありますが、サッカーファミリーの一員なのだと、震災後、あらためて思い至るようになりました。

サッカーは決して一人ではプレイできません。ピッチで実際にプレイするのは十一人ですが、控えの選手もいます。多くのスタッフもいます。私も二十四番目の選手として厨房で戦っています。全員が一つになって「チーム」になるわけです。

仲間を思いやり、困ったときには助け合うというチームの根底にある精神を、日本サッカー協会の方々やスタッフ、選手の皆さんが教えてくれました。

第二章でも述べた通り、被災した私のことを多くの方々が気にかけてくださり、励ましてくださいました。だからこそ、心強い味方がたくさんいるという気持ちで、福島の地で頑張ってこられたのです。

岡田武史さんの言葉

「アルパインローズ」を開店する時に、岡田武史さんに次の言葉をいただきました。

「西さんの心意気と勇気に敬意を表します」

心に沁み入りました。先の見えない状況の中で、福島に戻るという、家族も反対するような決断をしましたが、自分の決断は人として正しかったんだと思うことができました。岡田さんにこのような言葉をいただけたことが日々の原動力になっています。

私は岡田さんを心から尊敬しています。岡田さんのような人間になりたい、心からそう思える方です。

岡田さんは、試合のときには鬼のようになります。一切の妥協はありません。でも終わるとガラっと変わる、その人間性に惹かれます。普通なら大会が終われば、スタッフとのつながりもなくなるのでしょうけれど、その後も私のような人間にまで気を遣ってくださる。それはなかなかできることではないと思います。

岡田さんの座右の銘は「人間万事塞翁が馬」。ワールドカップ南アフリカ大会で最後の試合が終わった夕食の席で、選手たちに投げかけた言葉でもあります。

良いことがあれば、悪いこともある。人生はその連続なんだと教えてくれる言葉です。岡田さんは、その奥にある意味を教えてくださいました。

たとえ今、自分の身に悪いことが起こったとしても、いつか必ず良いことがやって来る。でも待っていて得られるものではない。そのためには止まってはいけないし、信じることをやり続けていかなければならない。常に挑戦し続けることによって、道はひらけていく。

Jヴィレッジに戻る決断は、私にとっては挑戦でした。その後、どんなにつらくて厳しい道のりが続いても「人間万事塞翁が馬」という言葉があったからこそ、続けてこられたのです。

岡田さんは二〇一二年から新しい挑戦に向かいました。日本人としてはじめて中国のスーパーリーグに身を投じ、杭州 緑城《こうしゅうりょくじょう》というチームで二年間、指揮を執りました。反日感情の強い中国で熱心に指導し、若い選手たちを成長させたと聞いています。大変に勇気のある意義深い挑戦に、私も刺激を受けました。

サッカー日本代表専属シェフを続けられることに

サッカー日本代表が海外遠征試合をするときの専属シェフとして帯同する仕事は、二〇〇四年三月三十一日にシンガポールで行なわれたワールドカップドイツ大会アジア地区予選が最初でした。以来、十年にわたってこの仕事を続けています。

二〇〇五年のアジアカップ中国大会、二〇〇六年のワールドカップドイツ大会、二〇〇七年のアジアカップ東南アジア大会、ベスト16にまで勝ち進んだ二〇一〇年のワールドカップ南アフリカ大会、二大会ぶりに優勝した二〇一一年のアジアカップカタール大会……。一つひとつの大会にたくさんの思い出があります。

震災の前までは、日本サッカー協会が代表戦の海外遠征への帯同を、私の所属していた会社に業務委託する契約になっていました。そしてJヴィレッジの総料理長だった私が派遣されていたのです。つまり私が会社を辞めて独立するにあたり、契約は解除されることになります。この機会に会社から別のシェフを派遣してもよいのです。しかし私自身、この仕事をとても大切なものと考えていたので、何としても続けたいという気持ちでした。

悩んだ末、日本サッカー協会代表チームに「できれば今後も、帯同の仕事を続けさせてほしい」と願い出ることにしました。するとすぐに日本サッカー協会から「変わらず、西さんに続けてもらわないと困ります」とお返事をいただきました。うれしくて、思わず声をあげそうになりました。自分が今までやってきたことが認められたと実感し、これからもチームの一員として力を尽くしていこうと気持ちを新たにしたのです。

当時、日本サッカー協会の副会長だった大仁邦彌《だいにくにや》さん（現会長）は、以前にJヴィレッジの副社長を務められていた縁もあり、震災後も私のことや働いていたスタッフのことを気にかけてくれていました。エームサービスから解雇の知らせがあったと伝えた時には「他のトレーニング施設を紹介しようか」ともおっしゃってくださいました。

私に日本代表専属シェフの仕事を二〇〇四年に最初に依頼してくださり、日本サッカー協会の部長も務められた野見山篤さんも、震災後によく励ましの声をかけてくださいました。

日本サッカー協会の皆さんには感謝の気持ちしかありません。受けた恩は、精一杯仕事をしていくことでお返ししていくしかありません。

日本代表チーム総務の津村尚樹さんをはじめ、スタッフの皆さんのことを私は兄弟のように思っています。兄弟たちとこれまでのように仕事を続けられると思うだけで、ウズウズしてきました。

ウズベキスタン遠征で再出発

日本サッカー協会とは「DREAM24」の西として、契約することになりました。

最初の帯同は二〇一一年九月に行なわれたワールドカップブラジル大会アジア地区三次予選第二戦となるウズベキスタン戦でした。日本代表は、その直前の九月二日、埼玉スタジアム2002で北朝鮮代表と対戦し、吉田麻也選手がゴールを挙げて1対0で白星発進しました。私はこれまでのように、西鉄旅行の担当者、原川剛さんとともに、チームより一足早く遠征先のウズベキスタンに出発することになっていたため、九月一日に福島から浦和の宿舎に入りました。

アルベルト・ザッケローニ監督に「またよろしくお願いします」と挨拶すると、「ニシ、よろしく」といつもの温かい笑顔で手を握ってくれました。代表チームのスタッフとも、二〇一一年一月二十九日にAFCアジアカップドーハ大会で優勝して以来、八ヶ月ぶりの再会を喜び合いました。代表チームのスタッフは、岡田武史監督の時からほぼ変わらない、結束力の強いメンバーです。震災から半年を経て、こうして皆さんにあたたかく迎えてもらえて再スタートをきれたことへの感謝の思いが込みあげてきました。同時にウズベキスタン戦に向けてやる気がわいてきました。

翌日の九月二日、原川さんと一緒にウズベキスタンの首都、タシュケントに向けて出発です。Jヴィレッジでは「ハーフタイム」のオープン準備の真っ最中でしたが、私は頭を切り替えて、到着後の仕事の手順などに思いをめぐらせていました。

タシュケントは二〇〇九年六月にワールドカップ南アフリカ大会アジア地区最終予選が行なわれた際にも訪れていました。日本代表はその試合に勝って本大会出場を決めたのですから縁起のいい場所でもあります。

九月二日、現地時間の午後四時頃ホテルに到着しました。タシュケントの空は青く、太陽が照りつけていましたが、日本とちがって湿度がないので過ごしやすい暑さでした。

滞在期間は四日間。早速ホテルのシェフ、マルコと打ち合わせをしました。厨房のスタッフは前回と同じ人たちで、私のことを覚えてくれていたのです。調理の打ち合わせもスムーズに進められました。

打ち合わせのあと、スーパーマーケットに食材を見に行くと、売っている魚といえばサバなどの燻製《くんせい》ばかりで、生の魚はナマズ、ライギョ、チョウザメくらいしかありません。いつも通り、日本から銀ダラやホッケなどの魚をしっかり持ってきてよかったと思いました。

持ち込む食材の中でも、震災前のようにいかないのが米です。以前は父の手づくりのコシヒカリを持参していましたが、今回は現地で調達しないといけないので、そのことばかり気になっていました。

もうひとつ、これまでは福島県楢葉町の手づくりの楢葉味噌を毎回持参して、赤味噌や白味噌などと合わせて使っていました。ところが震災後は楢葉味噌の材料となる米と大豆がつくられていないため、楢葉味噌が製造できなくなっています。代わりに今回から会津の味噌といわき味噌を持参しました。麹がたっぷり入っていて、甘くてとてもおいしい味噌です。

シェフのマルコが翌日、短粒米（エジプト米）を六〇キロ持ってきてくれました。しかし、よく見たら、ごみがたくさん入っていて、それらを取り除いてから米を洗い終わるまでに三十分もかかってしまいました。ようやく米を炊こうとしたら厨房のスチームオーブンのスチームが壊れていて使えず、仕方なく一五〇度のオーブンで炊いてみたのですが、オーブンのドアがきちんと閉まらなくて、うまく仕上がりません。それならば鍋を使おうと思ったら、ふたがあわず、これもダメ。冷や汗が出始めたときにチームが到着。チームと一緒に運ばれてきた荷物に入れておいた炊飯器で炊こうとしたら、その炊飯器がなぜか壊れてしまっていました。慌ててエンジニアを呼び、修理を頼みましたが、直りません。他に方法がないのでオーブンで再挑戦して夜七時四十五分からの夕食になんとか間に合わせました。芯が少し残ってしまいましたが、思ったよりはうまく炊けました。予想外のアクシデントに見舞われ、代表戦らしく慌ただしい一日目となりました。

チームは埼玉スタジアム２００２での北朝鮮戦に勝利して前向きな雰囲気のままタシュケン

トに到着し、食事会場も多くの会話に包まれていました。

震災以降、選手の皆さんとはじめて顔を合わせたのが、この食事会場です。キャプテンの長谷部誠選手、ゴールキーパーの川島永嗣選手は「現地の状況はどうですか？」と声をかけてくださって、ありがたいと思いました。ほかの多くの選手の皆さんにも激励していただき、被災地のことが皆さんの心にあることを身にしみて感じました。

試合前のうどん。

九月六日の試合当日、キックオフの三時間半前に、おにぎり、うどん、パスタなどエネルギーに変えられる軽食を出すのはいつも通りです。それに加え、ザッケローニ監督になってからは、試合後のロッカールームにおにぎりを一人につき一個ずつ用意して、炭水化物を摂取することで疲労の回復を早めるようにしています。鮭のおにぎりを二十三個握りました。

そして試合後の食事は決まってカレー。〝アフターマッチカレー〟は日本代表の定番になっています。カレーをつくってホテルで選手たちの帰りを待つことになりました。テレビ中継があれば厨房で応援もできるのですが、それもなかったので、1対1の引き分けに終わったという結果だけを聞きました。

選手たちがホテルに戻ってきて、岡崎慎司選手や川島選手と握手をしましたが、ゴールを決めたのが岡崎選手だということも、川島選手が何度もファインセーブしたことも知らなかったので、そのときに何も言えなかったことを後になって心苦しく思いました。

アウェイで勝ち点をとるのは難しいことです。試合後の食事会場の雰囲気も暗い感じではありませんでした。

この日は阿部勇樹選手の誕生日だったので、ケーキを出し、皆でハッピーバースデイを歌いましたが、恒例の今野泰幸選手の一言がなかったことを寂しく思いました。

試合が終わった日、すべての片付けを終えて深夜二時から、総務の津村さんの部屋にスタッフ全員が集まって慰労会を開きました。津村さんは「一日の最後を楽しく終わる」のがテーマだといつも言っています。スタッフ全員がストレスを溜めないように気をつかってくれて、その気持ちにいつも感謝しています。疲れが吹き飛びました。

ホテルを出る時、選手とスタッフ一人ひとりと握手をして、再会を誓い合いました。

これから三次予選、最終予選とアウェイの試合が続きます。長い戦いがこれから始まるのだと気の引き締まる思いがしました。

最大の修羅場だった北朝鮮遠征

タシュケントでの対ウズベキスタン戦から二ヶ月後、今度はアジア地区三次予選で二カ国を回る遠征に帯同します。

中央アジアのタジキスタンと、北朝鮮です。北朝鮮はもちろんですが、タジキスタンもはじめて訪れる国でした。

二〇一一年十一月一日に「アルパインローズ」をオープンして、バタバタしながら十一月三日の深夜まで荷造りし、朝七時に成田に向かいました。その途中で豆腐や米などを調達してパッキングしました。今回は米を持参することにしました。出国の直前まで荷造りに追われたのははじめてです。

十一月五日朝五時半にドーハに到着。ドーハはアジアカップでの長期滞在をふくめ、何度も訪れている場所です。ドーハのホテルのシェフは震災後、心配してメールを送ってくれました。ここには慣れ親しんだシェフも多いのです。無事に再会できたことを、シェフたちは喜んでくれました。遠く離れた場所にいる友人たちが気にかけてくれていたことに感激しました。

チームはドーハで三日間の合宿を行なってから、タジキスタンの首都ドゥシャンベに向かいました。

十一月十一日、日本代表はタジキスタンに4対0で勝利しました。十一月のタジキスタンは寒く、数日前に大雪が降った最悪のピッチコンディションの中で、よく勝てたと思います。ザッケローニ監督が「アジアのアウェイは非常に厳しい」と試合後にコメントしていた通り、アウェイでの戦いは、いろいろな要素を克服しないと勝利に辿りつかないのです。

ワールドカップブラジル大会のアジア地区予選の中で、いろいろな意味でもっとも厳しい戦いを強いられたのが北朝鮮への遠征でした。ドゥシャンベから直前合宿地の北京を経由して、平壌の空港に到着したのは、十一月十四日午後三時頃でした。入国審査と税関で長時間待たされ、今回の遠征は長期戦になるなという予感がしました。食材は持ち込めないという情報は入っていたのですが、米やパスタ、納豆、魚など、準備だけはいつも通りにしていました。やはり認められず、バナナなどは選手たちに食べてもらうことになりました。

どれくらい時間が過ぎたかわからないほど空港にいましたが、選手たちは練習があるので先に練習場に向かってもらうことにして、練習で使わない荷物をスタッフだけで取り出しました。私は明日からのメニューをどうしようかと頭を悩ませていました。

ようやく空港の外に出ると、もうすっかり夜です。ホテルではリクエストしておいたとおり、食事を用意してくれていました。キャベツの炒め物や鳥を焼いた料理などが並んでいましたが、調理して数時間経っているようで、すっかり冷めてしまっていました。

他に何かつくったほうがいいなと思ったのですが、練習を終えた選手たちがあと三十分ほどでホテルに到着するとの連絡を受けました。もう時間がありません。

選手たちは移動が続いた上に練習もして疲れていますし、北朝鮮に来てからの緊張感もあるでしょう。やはり温かい料理を食べてリラックスしてもらいたい。そう思った私は、厨房に入らせてもらい、使える食材を確認しました。卵、玉ネギ、ニンニクがありました。冷凍した鶏肉もありましたが、解凍が間に合いません。そして幸いにも野菜の炊き込みご飯がありました。それで頭に浮かんだのはチャーハンです。ただ、厨房には大きな中華鍋がありませんでした。それでも、小さいフライパンを借りて三人前、四人前ずつつくることを繰り返しました。

夕食の時間になんとか間に合って、選手たちにつくりたてのチャーハンを食べてもらえてよかったと胸をなでおろしました。その後、スタッフの分をつくろうとしたら、もう具がありません。野菜の炊き込みご飯を炒めただけのチャーハンになってしまいました。それでも「温かいものを食べられただけで十分ですよ」と言ってもらえましたが、申し訳なく思いました。

今夜はチャーハンで何とか格好がつきましたが、内心ではかなり焦っていました。二〇〇五年にジーコジャパンのチームでイランのテヘランへ遠征した際、ラマダーンの時期だったため現地の食材がほとんど何もなくて困ったことをふと思い出しました。これまで幾多の〝修羅場〟を踏んではきましたが、今回は食材がすべて持ち込めないという、これまでに経験のない危機的状況です。翌日は、北朝鮮戦です。現地の食材で何とかしなければいけません。

外国人居住区にあるスーパーで使えそうな食材を売っているようだと総務の津村さんが教えてくれて、翌日の午前中に急いでそこに行き、パスタや野菜、果物などを購入しました。

ちょうど買い物をしているときに、津村さんから電話が入りました。ミーティングのために別のホテルに来たら、売店でなぜか日本の食材がたくさん売っているというのです。海苔やご飯のお供や、試合後のカレーの材料になるものなどを中心に買ってもらいました。これでなんとかなりそうだなと少しほっとしました。スーパーもそうですが、津村さんが事前に最悪の場合も想定して現地調査をしてくれていたから助かったのです。綿密な下調べのおかげで難を逃れました。

遠征先では現地ホテルのシェフに手伝ってもらうことになりますが、北朝鮮も例外ではありません。私が「こういう料理をつくりたい」と説明すると、その通りにつくってくれて助かりました。現地のシェフがつくったチゲ鍋がおいしかったので、「これも出してください」とお願いしてつくってもらうことにしました。ホテルには日本語を話せるスタッフが数人いて、その方たちが通訳してくれたのです。

ホテルでは、到着の翌日からエレベーターの前や階段などに警備の人が物々しい雰囲気で立っていて、部屋から部屋への移動ができなくなりました。

緊張感に包まれて迎えた試合当日、手に入ったものを調理して、選手の皆さんに食べてもらいました。いつもに比べれば品数が少なく、選手たちが大好きな銀ダラの西京焼きなども今回は出すことができませんでした。それでも選手たちは不満ひとつ漏らさず、明るい食卓をつくってくれました。

うどんを持ち込めなかったため、試合前の軽食にうどんは出せず、トマトソースのパスタをつくりました。

試合は残念ながら0対1で負けてしまいましたが、その前に日本はタジキスタンに勝って三次予選突破を決めています。こういったアウェイの雰囲気で戦いきったこともチームにとってはいい経験になる、とスタッフは言っていました。その通りだと思いました。私にとってもいい経験になりました。

続くアウェイでの戦い

福島で「ハーフタイム」と「アルパインローズ」の業務に追われる日々を送りながら、日本代表の海外遠征のすべてに帯同して専属シェフの仕事を続けていました。

二〇一二年六月にはワールドカップブラジル大会アジア地区最終予選でオーストラリアのブリスベンへ、十月には欧州遠征でフランスのサンドニ、ポーランドのヴロツワフに出向きました。十一月には同予選でオマーンのマスカット、また、二〇一三年に入ってからは三月にカタールのドーハでカナダとの国際親善試合を経て、ヨルダンのアンマンで行なわれた最終予選に帯同しました。

ヨルダン戦に勝つか引き分ければ、ワールドカップブラジル大会出場が決まる、という大事な試合。選手たちはいつも以上に気合が入っている様子でした。スタジアムには多くのサポーターが日本から駆けつけてくれて、心強く思いましたが、スタジアムは壁の上の方までヨルダンサポーターでびっしりと埋めつくされ、太鼓とラッパの音が鳴り響く完全にアウェイの空気に支配されていました。日本は惜しくも1対2で敗れ、ワールドカップ出場は次の試合に持ち越されることになりました。選手たちは皆悔しさを口にしていましたが、気持ちはすでに次の試合に向かっているようでした。

震災後、選手たちはそれぞれに自分たちが戦う意味を考え、今まで以上に日本人全員の思いを背負っている意識で試合に臨んでいます。試合に勝つことで日本人に勇気を与えたい、という強い思いが伝わってきます。特にアウェイの試合では、耐えられないほどの重圧の中で、どんなに厳しい状況でもあきらめず、ぜったいに自分たちが勝つんだと、強い気持ちを持って選手たちは前向きに戦っているのです。アウェイの試合での雄姿を見るたびに、大変に刺激を受け、私も福島に戻ってまた頑張らなければ、と前向きに生きる力を選手たちからもらっているのです。

Jリーガーたちの温かい支援

独立した私は、日本代表専属シェフ以外の仕事も依頼されるようになりました。

その一つがJリーグのクラブチームが海外に遠征する際の、食事の提供です。二〇一三年にはACL（アジア・チャンピオンズ・リーグ）に出場する浦和レッズのアジア遠征のため、二月に中国の広州、四月に韓国、五月にタイへ帯同しました。ACLの浦和レッズ戦の海外遠征には、二〇〇七年から続けて帯同しています。震災後も続けられることができて、とてもうれしく思いました。クラブチームは普段の練習、試合など常に一緒に行動しているためか、選手同士がまるで兄弟のような感じです。試合に向けた緊張感はもちろんありますが、アットホームな雰囲気なのです。

浦和レッズには日本代表の試合でもお世話になった選手が数多くいます。その一人が阿部勇樹選手です。阿部選手は震災直後から私のことを気にかけてくれて、気分転換にとプロ野球観

「アルパインローズ」の入り口では、W杯南アフリカ大会のときに代表選手たちからプレゼントされたサイン入りユニフォームと、浦和レッズの阿部勇樹選手のユニフォームが出迎える。その背後には、2009年6月に岡田ジャパンがW杯出場を決めた瞬間のタペストリーが掛けられている。

戦に誘ってくれたのです。

浦和レッズの皆さんには特別なお気遣いをいただいたことを深く感謝しています。私をチームのメンバーの一員と考えてくださって、橋本光夫さん（前代表）やマネージャーの水上裕文さん（トップチーム主任）、北野大助さん（強化部課長）など皆さんが被災した私を心配してくれました。二〇一三年五月のACLの大会期間中に、「御礼です。お店のスタッフの方々に渡してください」と言って、浦和レッズのユニホームをスタッフの人数分プレゼントしてくださり、大変に感激しました。

二〇一三年五月十一日に埼玉スタジアム2002で行なわれた鹿島アントラーズとの「Jリーグ二〇周年アニバーサリーマッチ」にご招待いただき、選手入場口にまでご案内いただいたことは、大切な思い出となりました。このとき、ジーコ監督の通訳で、ジーコジャパンのときにお世話になった鈴木國弘さんと久しぶりの再会を果たすことができました。鈴木さんは震災直後にも私に連絡をくださったのです。

また、岩手県出身の鹿島アントラーズ、小笠原満男選手のことも記しておかなければなりません。小笠原選手は震災後、「東北人魂を持つJ選手の会」（略称「東北人魂」）を立ち上げて被災地を回り、数々のボランティア活動を行なっています。

小笠原選手とは、日本代表でジーコジャパンのときからの長いおつきあいです。鹿島アントラーズの夏合宿はJヴィレッジで行なわれていたので毎年お会いしていました。

「東北人魂」を立ち上げるにはきっかけがあったそうです。東北出身のJリーガーたちで何か支援をしたいと思い、被災地の方々にいろいろとお話を聞いたときに、家を津波で流されて、ボールもユニフォームもスパイクも、全部失くしてしまった子どもたちが少なくない、と知ったそうです。家族が亡くなって、経済的な事情から好きなサッカーを続けられないという子どもたちもいました。何とかしてあげたいと思い、ボール、スパイク、ユニフォームなど、自分が持っているものを子どもたちに届けて、頑張って続けてほしいというメッセージを伝えたのが最初だったそうです。以後もオフシーズンのたびに被災地に行って子どもたちとふれ合うイベントをしています。本当に素晴らしいことです。

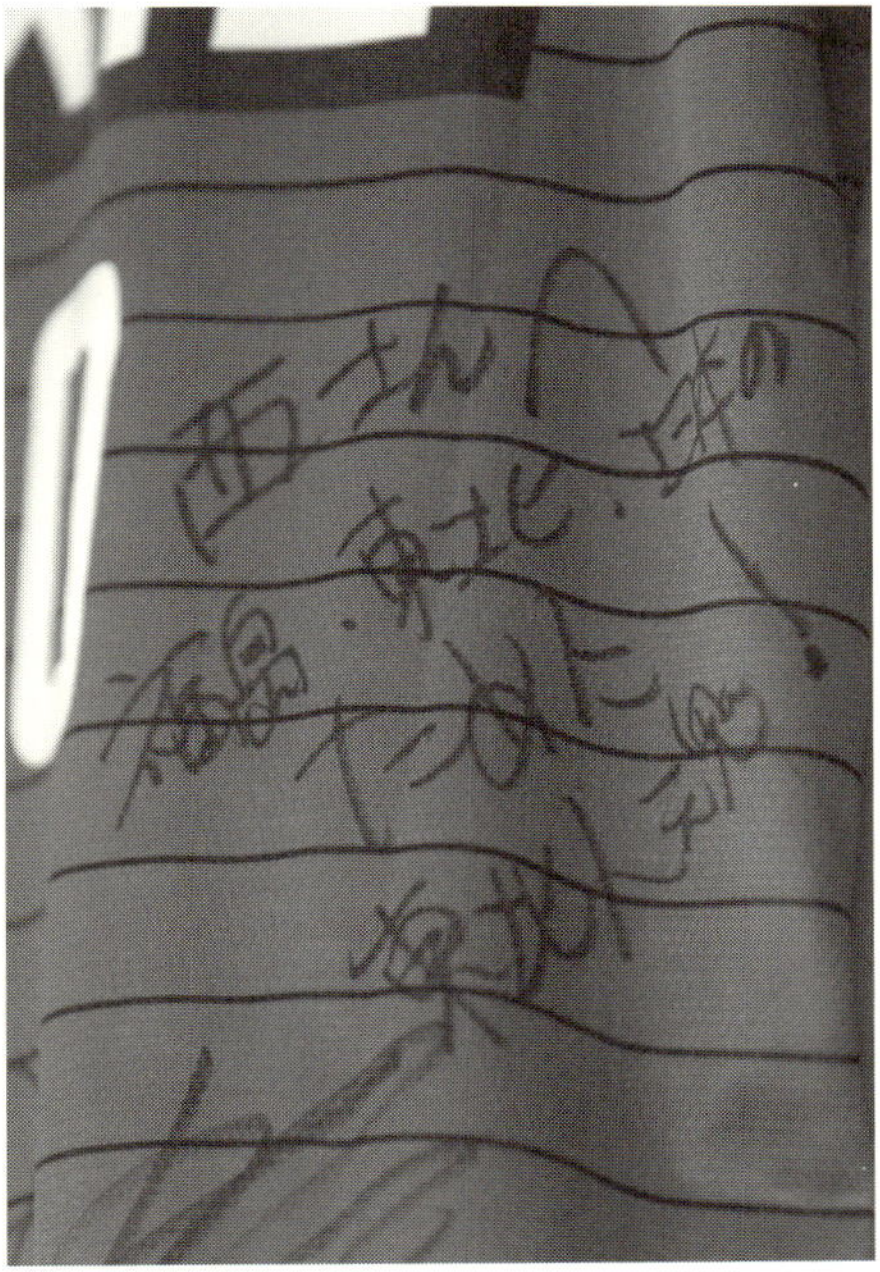
小笠原満男選手にいただいたメッセージ入りのユニフォームが「アルパインローズ」に飾られている。

小笠原選手自身の地元が被災したこともありますし、現役の選手でありながら、体調管理だけでも大変なのに、時間をつくって被災者の方々のためにここまで活動されている。そんな小笠原選手には尊敬の念を抱きます。

二〇一三年二月には、ア

ントラーズの同僚である本山雅志選手、中田浩二選手を連れて、広野町まで来てくれました。「アルパインローズ」で食事をしたあとに、町の現状を知るために役場に出向いたところ、町長から「広野中学校であいさつしてほしい」と頼まれました。急なお願いにもかかわらず、小笠原選手たちは快く「いいですよ」と言って、すぐに広野中学校まで行き、子どもたち一人ひとりにサインをしてくれたのです。広い教室に、もともといた人数の約一割の子どもたちが授業を受けている光景を目にして、小笠原選手は感じるものがあったようです。

「広野に戻ってきたこの子たちと、何かイベントをしたい」

そう言ってくれて、二〇一四年一月五日に、広野町で東北人魂のサッカーイベントを開催できる運びになったのです。

東北に対する小笠原選手の熱い思いは、私の励みにもなります。「東北人魂」には今野泰幸選手も参加していて、選手の皆さんは今もなお熱心にボランティア活動を続けています。

「今まではサッカーができるのが当たり前のように思っていたけれど、震災があってはじめて、そうじゃないんだ、と気づいたんです。被災地の子どもたちにも、夢をあきらめてほしくない。だから、僕らはサッカーをすることで勇気づけたいと思っているんです」という今野選手の言葉が印象的でした。私も負けてはいられません。

サッカーファミリーは心強い味方であり、同志のような存在です。サッカーにかかわる多くの方から、いろいろなことを学ばせていただいています。一人ではできなくとも、皆がいるからできる。今の私は、そのような確かな実感を持っています。

ワールドカップ出場決定！

日本代表は二〇一三年六月四日、埼玉スタジアム２００２で行なわれたワールドカップ最終予選のオーストラリア戦において１対１で引き分け、二〇一四年ワールドカップブラジル大会出場を決めました。

私はこの試合のチケットを入手して、妻と応援に行く予定でした。

日本代表の海外遠征に帯同するときには、店を留守にすることになり、妻が私の分までカバーしてくれて、大変な苦労をかけていますし、少しでも気晴らしになればと思っていました。しかしながら、試合当日、「アルパインローズ」に馴染みのお客さんの予約が入ってしまったので、テレビで応援することにしました。

お客さんに料理を出してからは、皆が一緒になって試合を見守り、日本代表を応援しました。オーストラリアに先制されたので、もうハラハラドキドキです。本田圭佑選手がＰＫを決めたときは全員でガッツポーズをしました。

あれは二〇一一年のクリスマスのことだったと思います。大仁邦彌さんが日本サッカー協会の皆さんたちと一緒に、「アルパインローズ」に激励に来てくださいました。そこでザッケローニ監督のサイン入りポスターなどをいただきました。そのあと、二〇一三年四月にも津村さんたちが本田選手のサインが書かれた色紙を持って来てくれたのです。

本田選手のサインには「アルパインローズ様」と書いてありました。津村さんが「西さんへ」と書いてください、と頼んだら「西さんにはまたすぐ会えるから、スタッフの皆さんにしたほうがいいんじゃない？」と言ってくれたそうです。周りのことをよく気遣う本田選手らしいなと思いました。

大事な試合の重要な場面で決められるのも、本田選手が周りの人たちのことまで考えて、責任感を力に変えられる人だからかもしれません。本田選手のゴールでワールドカップ出場が決まって、「アルパインローズ」も久しぶりににぎやかな夜になりました。

本田圭佑選手にいただいた色紙。

コンフェデレーションズカップへ

二〇一二年六月五日から、私は約一ヶ月間、Jヴィレッジを離れることになりました。こんなに長い期間にわたって「ハーフタイム」と「アルパインローズ」を留守にするのは、開店以来はじめてのことです。スタッフには、留守の間、皆で力をあわせて店を守るよう頼みました。六月十一日に日本代表がドーハでワールドカップ最終予選のイラク戦を戦い、そのあとにブラジルで開催されるコンフェデレーションズカップ（以下、コンフェデと略記）に出場します。そのため、ドーハからブラジルを回るという、未経験の大移動をすることになりました。

私はオーストラリア戦でワールドカップ出場を決めた試合を見届けてから、ドーハ、ブラジルへの遠征の荷造りを始めました。

コンフェデはワールドカップ本番のシミュレーションができる意味においても重要です。気候はどうか、移動距離はどの程度か、ホテルの様子など、すべては本大会を戦う際の参考になります。私にとっては本番前に現地に行って調理を体験できる、貴重な機会です。現地で手に入る食材の種類や品質を自分の目で確かめることも、コンフェデに帯同する目的の一つです。

ブラジルの各州に対しては、三ヶ月以上前から持ち込む食材のリストを提出し、許可を得なければなりませんでした。現地を調査してきた津村さんと、持参する食材や現地で調達する食材について念入りに打ち合わせて、時間をかけて準備を進めました。

いずれの州も規制が厳しいので持ち込めるものは限られます。ただ、ブラジルは世界最大の日系社会を擁する国です。日系人の総数は約一五〇万人（外務省調べ）。日本の食材もかなり手に入りそうだということでした。

日本代表の選手は、海外でプレイする選手が多く、皆さん日本の味が恋しくなるようなので、納豆やラーメンなどは忘れずに持ち込むようにしました。

食材でもっとも不安だったのが魚です。震災以降、日本の魚の持ち込みは止められているという情報は入っていました。それでも許可される可能性があるかもしれないので、念のためいつものようにサバ、サンマ、銀ダラなど準備だけはしておきました。

私はチームと一緒にまずドーハに渡りました。アウェイであることに変わりはありませんが、ドーハには三月に訪れたばかりですし、ホテルのシェフとの関係もよく、慣れている場所でもあります。試合に勝って私も勢いに乗ってブラジルに向かいたいと思いました。

イラクとの予選最終戦は、猛暑の中で健闘し、1対0で勝利しました。ワールドカップ出場が決まった後の最終戦でしたが、選手たちはますます引き締まった気持ちで試合に臨んでいるように感じました。

イラク代表といえば、私も大変お世話になったジーコさんが監督を務めていましたが、そのときは既に退任されていました。再会できるのを楽しみにしていただけに、残念でした。

試合翌日、中東ドーハから十二時間ほどかけて、チームと一緒にブラジルに向かいます。はじめてブラジルに赴くのは楽しみでもありましたが、来年のワールドカップに向けての〝予行演習〟ともいえるだけに、私自身、程よい緊張感に包まれていました。

ブラジリアに乗り込んで

最初の試合会場は、ブラジルの首都ブラジリアです。

六月十二日にブラジリアに到着しました。ブラジリア国際空港には日本代表専用の大型バスが横付けされていて、すぐホテルに移動できるよう準備されていました。「ＳＡＭＵＲＡＩ

ＢＬＵＥ」と書かれたバナーもあちらこちらで見られ、まるでワールドカップ本番のような待遇に、選手やスタッフ全員の気持ちが一気に高まりました。十二時間の移動の疲れなど、どこかに飛んでいきました。

空港は大会を楽しみに待っている空気で満たされていました。

コンフェデは、各大陸の選手権王者と開催国のブラジルが参加します。日本はアジアカップの王者。他に南米はウルグアイ、北中米はメキシコ、欧州はスペイン（優勝）、イタリア（準優勝）の二カ国、他にアフリカ王者のナイジェリア、オセアニア王者のタヒチがエントリーしていました。日本はグループリーグでブラジル、イタリア、メキシコと同じグループに入りました。強豪中の強豪揃いです。

入国の際、魚はやはり持ち込めませんでした。なんとかして現地で魚を手に入れなければなりません。

六月十五日、開幕戦でホスト国のブラジルと対戦することになっていました。ブラジルのほぼ中央に位置するブラジリアは、一九六〇年にリオ・デ・ジャネイロから遷都し、標高約一〇〇〇メートルの乾燥した高原に、区画整理された計画都市が建設されました。六月の平均気温は二〇度前後。ドーハに比べると、ずいぶんと過ごしやすい感じがしました。

ブラジルのホテルはシャワーのみが主流で、チームが泊まったホテルにはバスタブがなく、選手たちは残念がっていました。ブラジルにはバスタブに入る習慣がないようです。ますます私は、食事の時間をリラックスできる時間にしなければ、と張り切りました。

ザックジャパンの食の秘策は

現地の主な食材はだいたい予想どおりでした。米はアメリカ産の日本米を津村さんが手配してくれていたので問題ありません。苦戦したのは魚の調達です。探した末に手に入ったのは、サーモンと、オヒョウというカレイの仲間、ティラピアという川魚など。ブラジルでは川魚が豊富に獲れますが、少し骨っぽいところが難点です。サーモンはムニエル、オヒョウはグリル、ティラピアはフライにするなど調理に変化をもたせましたが、日本の魚が大好きな選手たちには不人気でした。

ザッケローニ監督が日本代表監督に就任して以来、特に重視しているのが、不飽和脂肪酸のω3（オメガスリー）です。この栄養素は、血液の流れを円滑にして、末梢神経、末梢血管のすみずみにまで行き渡らせるため、細胞の奥底まで修復する効果があると言われています。それゆえ筋肉の損傷をいち早く回復することができるわけです。

ω3のなかでも栄養学的に必須なのは、エイコサペンタエン酸（EPA）、ドコサヘキサエン酸（DHA）、αリノレン酸（ALA）の三種。EPAとDHAはサバやイワシといった青魚やサーモン類などに、ALAは亜麻の種子や荏胡麻《えごま》、くるみ、緑黄色野菜、大豆などに多くふくまれます。イタリアでは常日頃からイワシやアンチョビなどでω3を摂取しているようです。

ザッケローニ監督から、選手たちがω3を少しでも多く摂れる食事を、と依頼されているので、毎食必ず青魚などを出すのはもちろん、それ以外にも亜麻仁オイルを加熱しないでドレッシングに使うなどしています。

今回のコンフェデは、サバやサンマなどを持ち込めなかったため、魚料理に和食らしさが足りなかったかもしれません。

その分、選手たちの目の前で、選手それぞれの好みにあわせて調理するライブクッキングのパスタのメニューに「ちりめんじゃこの和風パスタ」を加えるなどして、和食を意識するようにしました。

ブラジリアでのアクシデント

ブラジルの肉については、どれも驚くほどおいしく、まったく問題はなかったのですが、野菜は見た目がよくありませんでした。キャベツ、レタスなど葉物野菜には虫くいの穴がたくさんあるのです。虫が食べるくらい安全だとも言えますが、さすがにそのまま出すわけにはいきません。注意してチェックする必要がありました。

調理をお願いするブラジリアのホテルのシェフの一人は、ブラジルの日本食レストランで働いた経験がある人でした。それならできそうだなと思い、ナス、ピーマン、エビなどで天ぷらをつくることにしました。海外でプレイしている代表選手が多いので、これには選手たちが大喜びでした。

ブラジリアの陽気なシェフたちと。

試合の二日前は本田選手の誕生日でした。選手の誕生日にはケーキを用意するのが代表チームの恒例。イタリア人のゴールキーパーコーチ、マウリツィオが「ハッピーバースデイ」をテノール歌手風に歌ってくれて、盛り上がりました。

試合前日は、力をつけてもらうためにウナギの蒲焼きを出すようにしています。ウナギの蒲焼きは、事前に現地の業者に注文しておきました。ところが、ホテルに届いたのはアナゴの蒲焼きだったのです。

ウナギは英語で「eel」。アナゴは「conger」または「eel」です。「eel」の蒲焼きといえば、ウナギだとばかり思っていた私の痛恨のミス。現地での食材の表現をもっと勉強して、注文するときにも注意を払わなくては、と反省しました。結局、ブラジルではウナギの蒲焼きは入手できませんでした。

食事会場で蒲焼きを目にした選手に「西さん、これウナギですか？」と聞かれ、「ウナギの代わりにアナゴの蒲焼きです」と答えると、選手は事情を察してくれました。ただ、選手の皆さんが楽しみにしているウナギを準備することができなかったことを申し訳なく思いました。

試合結果で変わったホテルのシェフの態度

開幕戦の試合会場は、ホテルからそう遠くない距離にある、七万人収容の巨大なエスタジオ・ナシオナル・デ・ブラジリアスタジアムです。試合当日、スタジアムの近くでワールドカップ開催に反対するデモが起こっていて、テレビをつけるとそのニュースが流れていました。サッカーが文化になっている国ですから、ワールドカップに反対する声があるとは意外にも思えました。デモには多くの若者が参加しているようです。彼らは、税金をワールドカップに費やすのではなく、医療や教育に使ってほしいと訴えていました。確かにブラジリアは近未来的な建物がある一方で、スラム街のようなところも目につき、貧富の差を意識させられる街です。

開幕戦は、私もスタジアムに行って応援することができました。料理を手伝ってくれるホテルのシェフたちにもブラジル対日本のチケットがプレゼントされ、おおいに喜んでいました。

「今のブラジルはそれほど強くない。成長している日本にかなり苦戦するんじゃないか」と彼らは口々に言うのです。サッカー好きのシェフたちはこぞって日本代表を評価してくれてい

ブラジリアで試合前のおにぎり（梅・昆布・鮭）。

ました。お世辞だとしてもうれしく思いました。

開幕戦ということに加え、デモのこともあり、スタジアムとその周辺には大勢の警官がいて、セキュリティ対策も厳重です。スタジアムはワールドカップ本番さながらの、ものすごい熱気です。サポーターたちの応援で大変な盛り上がりでした。私も勢いに乗って応援したのですが、結果は0対3で完敗に終わってしまいました。

するとどうでしょう。試合前はあれほど日本代表を褒めてくれたシェフたちの態度が、ホテルに戻るとガラッと変わっているのです。

見るからに〝上から目線〟で「君たち、弱いね」と言われているような感じがしました。皆気のいいスタッフで、敬意をもって接してくれてはいるのですが、急に自信をもった態度なのです。試合の結果でホテルのシェフの態度が変わるというのは、はじめての経験でした。それほどまでに、サッカーと市民の精神が直結しているのだと実感したのです。さすがはサッカー王国だな、と妙に納得してしまいました。

炊飯器に悩まされる

スタジアムでブラジル戦を観戦している間に、厨房ではアクシデントが起きていました。

私は特大の炊飯器を二つ用意していたのですが、一つの炊飯器のスイッチがブラジリアに到着したときに壊れてしまっていました。スイッチを押して炊飯が終わると自動的にスイッチが上がる仕組みなのですが、一つの炊飯器のスイッチが上がらなくなってしまったのです。仕方なく、二つの炊飯器で同時に炊き、片方が炊きあがってスイッチが上がったら、もう片方のスイッチも上げてほしいと現地のシェフに頼み、「わかった」というジェスチャーをしてくれたのですが、ホテルに戻ると、片方のスイッチを上げ忘れていました。加熱し続けたため、炊飯器の釜も米も真っ黒。急いでもう一つの炊飯器でもう一度炊くことになりました。

ご飯はなくてはならないもの。こげて真っ黒になった炊飯器も丁寧に洗って使い続けなければなりません。そして調理しながらご飯がちゃんと炊けているか、常に自分で気をつけて確認しなければと思いました。

野菜たっぷりのカレーをつくって、試合を終えた選手たちを待ちました。ホテルに戻ってきた選手たちの雰囲気はさすがに落ち込んだ感じでしたが、「おつかれさまでした」と長友佑都選手に声をかけると

「ありがとうございます。でも疲れたなんて言ってられないですよ」と次の試合に気持ちを向けていました。

私も、料理で選手たちを元気づけたいと思いながら、ブラジリアの最後の夜を終えました。

灼熱の地レシフェで奮闘

第二戦目、イタリア戦の会場はレシフェです。私はブラジル戦の翌日、日本サッカー協会代表チーム運営統括の平井徹さん、西鉄旅行の原川剛さんと、チームより一日早くレシフェに飛行機で移動しました。所要時間は二時間十五分です。

レシフェはブラジル東部にある海辺のリゾート地で、ビーチが広がっています。季節は冬だというのに、高温多湿で、水着で歩く人が多いことに驚かされました。しかしレシフェは、ブラジル全土でも殺人事件の発生率が常に上位に入る、治安の悪い町です。海辺から内陸にいくほど、貧困層が多く居住しているようで、犯罪率もそれに比例して上がります。町を歩くのも気をつけなければと思っていました。

この日は夕食の準備をしなくてもよかったので、スタッフと一緒にシュラスコ料理店に行ってみることにしました。

シュラスコ料理はブラジルの名物で、大きな鉄串に刺した肉（おもに牛肉）を炭火で焼く豪快な焼き肉料理です。カウボーイたちのバーベキューが起源とのこと。焼き上がった肉は、ウェイターが目の前で切り分けてくれて、あらゆる部位の肉を、好きなだけ食べることができます。日本代表チームの食事会場でも、こんなふうにすると盛り上がるだろうなと想像しました。ブラジルの肉はハズレがありません。どの肉もおいしい。この店はレシフェで一番という店で、サラダなども充実していました。この町なら何でも揃うだろうと安心したほどです。

イタリア戦に向けて、我々も気合を入れて選手たちを迎えよう、と思った矢先、予期せぬことが待っていました。それは〝コミュニケーションの壁〟です。

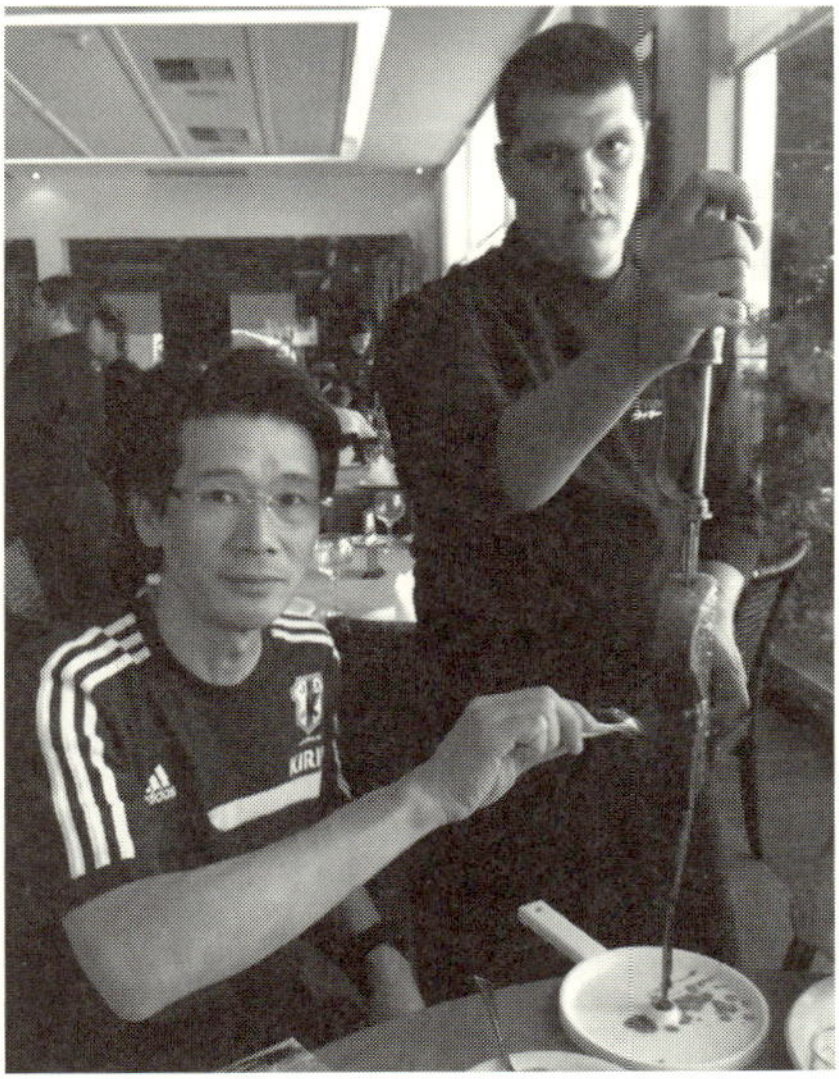
レシフェのシュラスコ料理店で。

言うまでもなく、調理は私一人ではできません。現地ホテルのシェフと連係を図るのですが、レシフェのホテルでは私の片言の英語がまったく通じないのです。私がポルトガル語の単語を覚えているわけでもありません。ブラジリアでは日本食レストランで働いた経験のあるシェフがいたのと、英語を話せるシェフがいたので助かったのですが、ここには一人もいません。単語一つスムーズに伝えることができず、苦労しました。なにしろ「チキン」も

ブラジリアのホテルのシェフは５種類のフェイジョアーダをつくってくれた。

「ミート」も「エッグ」も通じないのです。困った私は、ボディランゲージで勝負することにしました。鶏肉のことは「コケコッコー！」、牛は「モオーッ！」と鳴き声を真似して頭に角がある仕草をしたら、皆にゲラゲラと笑われました。おかげでなんとか伝わり、厨房のスタッフたちと打ち解けることもできました。

レシフェのホテルは厨房が狭く、調理するにもひと苦労です。それに暑くて湿気があって、厨房はもう地獄です。少しいるだけで汗がしたたり落ちてきます。厨房の室温は四〇度近くあり、私はチームのドクターの島田和典先生からビタミン剤を与えられて飲むようにすすめられました。

翌日、選手たちが到着し、ブラジリアとまったくちがう高温多湿の気候に皆が驚いていました。

ライブクッキングではシュラスコの真似事ではありませんが、毎食ステーキを選手たちの前でジュージューと焼いてみました。焼き加減もそれぞれの選手の好みにあわせます。ステーキは毎回人気で、川島選手は「おいしそうですね。レアでお願いします」と笑顔で毎回並んでくれて、大変気に入ってくれたようです。

現地シェフがつくるブラジルの家庭料理、「フェジョン」（豆のシチュー）もメニューに加えてみました。良質の植物性タンパク質を摂取できる、栄養的にも優れた料理です。本場のフェジョンは味の深みもコクもちがいます。塩漬けにした豚肉や内臓を黒豆と煮込む「フェイジョアーダ」も現地シェフがつくってくれました。震災前、ブラジル人選手が多い鹿島アントラーズやブラジル人監督のチームがJヴィレッジで合宿するときには、私もフェイジョアーダを出していました。ジーコ監督もフェイジョアーダが好きで、ワールドカップドイツ大会のときにメニューに加えてほしいとリクエストをされました。

なかなか外出できない選手たちに、現地の料理を出すことでその国の雰囲気を多少なりとも味わってほしいという思いもありますが、選手たちは意外とブラジル料理に手を伸ばしません。やはりいつもの食べ慣れた味のほうが安心できるようです。

選手たちに人気の納豆が早くもなくなってしまい、レシフェの日本食材店で購入しました。現地の日系人がつくっているようです。ブラジルでも納豆がつくられていることにとても驚きました。日本の納豆よりも、粘り気の少ないものでした。

試合後の大事件

レシフェでは大事件がありました。大事件といっても、チームにとってではなく、私にとってですが。

対イタリア戦は、選手たちがレシフェに到着して四日目の六月十九日に、アレーナ・ペルナンブッコスタジアムで行なわれました。先制したものの、点の取り合いの末に3対4で敗れてしまいました。残念でしたが、あのイタリアを苦しめたわけですから、日本代表チームはよく頑張ったと思います。

スタジアムが離れていたためにホテルで待機していた私は、力を尽くした選手たちにおいしいカレーを食べてもらいたいと思い、試合が終わるとつくり始めました。しばらくして、気づいたのです。スイッチを入れた炊飯器のコンセントが抜けていることを。慌ててコンセントを入れたところで、もう間に合いません。

青ざめました。思わず、声をあげてしまいました。選手たちはあと二十分で、ホテルに到着してしまいます。

私は大きな鍋を用意しました。しかし蒸らすのに必要な蓋がありません。急きょ、鍋と鍋を重ね合わせて蓋の代わりにすることにしました。水ではなくお湯炊きにして、蒸らしの時間もふくめて何とか二十分間で炊き上げました。

まさか間に合うとは、というほどの奇跡でした。

選手の皆さんには、おそらく厨房でのドタバタは気づかれていないと思います。いい試合をしたといっても、負けてしまったのでチームの雰囲気はいいとは言えません。選手たちは試合を終えて夜十一時過ぎにホテルに戻って来て、疲れていますし、空腹のはず。そんな中で、帰ってすぐにカレーを出せないということは、あってはならないことです。何とか間に合ったことで安堵しました。炊飯器でこんなに冷や汗をかくことが続くとは思ってもみませんでした。

選手たちの一番人気は

二試合負けてしまったことで残念ながら日本代表のグループリーグ突破の可能性はなくなりました。

最後の三戦目はメキシコが相手です。舞台はベロオリゾンテという町で、ブラジル南東部のミナス・ジェイラス州の州都。人口の多さは、サンパウロ、リオ・デ・ジャネイロ、サルヴァドールに次いで第四位という大きな町です。

レシフェからは飛行機を乗り継いで四時間かかってベロオリゾンテに到着しました。気候は温暖で、灼熱のレシフェに比べるととても過ごしやすく、少しほっとしました。この移動距離が選手たちの体に負担にならないかと心配になりました。

選手たちの食欲が落ちていないかどうかを確認するのに一番わかりやすいのが、ご飯が減っているかどうかです。

炊飯器のこともあって、ご飯のことにはずっと神経質になっていました。炊き上がりも重要です。ドーハでは現地で短粒米（エジプト米）を手に入れていましたが、炊き上がりはふっくらしていても、三十分も経つと色が少し変わってきてしまいます。水の影響もあるのかと思い、ミネラルウォーターを使って炊いてみましたが、変わらなかったので、結局ホテルのシェフに、お寿司用の米を使わせてほしいと頼んだのです。その米で炊くと、選手たちのご飯を食べる量が急に多くなりました。

ブラジルではアメリカ産の日本米を入手できたので問題ありませんでしたが、現地ホテルの厨房の状況はさまざまですし、世界中のどんな場所でも、常にごはんをおいしく炊き上げることの難しさをあらためて感じました。

私がおいしいご飯にこだわるのは、ご飯をたくさん食べて炭水化物を多く摂取し、エネルギーをたくわえることが選手たちにとって重要だからです。ご飯がおいしくないと食が進みません。ご飯のお供も、毎回さまざまなものを持って行きます。二〇一〇年のワールドカップ南アフリカ大会では「食べるラー油」が大人気でしたが、今回ははじめて持参した「塩昆布」が人気でした。選手たちは、ご飯にのせるだけでなく、サラダにまぶすなど、いろいろと応用していました。関西出身の選手に人気があるという発見もありました。持参した分だけでは足りなくなったほどです。

選手の皆さんに食べたいメニューの希望を言っていただくことはあまりないのですが、今野選手は「そろそろラーメンが食べたいですね」とよくリクエストしてくれます。

ラーメンは〝なごみのメニュー〟として海外遠征に帯同するたびにつくります。醬油味、味噌味、塩味など、そのときによって変えています。

「海外に来るとなぜかラーメンが食べたくなりますよね」と今野選手は言っていました。私もそう思います。実際に、ワールドカップ南アフリカ大会の時も、常に厳しい表情をしていた岡田武史監督がはじめて笑顔になったのは、醬油ラーメンを出した時でした。岡田監督の心の緊張を解くことができたことをとてもうれしく思いました。

選手の皆さんから「今日はラーメンなんですね」と声をかけられると、「今ちゃんが食べたいと言うので」が〝返し文句〟になりました。毎回、今野選手のためのラーメンということになっています。チームのムードメーカーの今野選手の名前を出すだけで、場が盛り上がります。

コンフェデの期間中に〝なごみのメニュー〟として「会津のカレー焼きそば」もつくろうと準備はしていたのですが、今回はそのタイミングがありませんでした。〝なごみのメニュー〟はチームの雰囲気を見ながら出すようにしています。ワールドカップ本番では、焼きそばでさらにチームを盛り上げていけたらと思っています。

ブラジル滞在中に特にスタッフの間で流行したのは、〝飲むサラダ〟とも言われているマテ茶。そしてイタリア人のコーチングスタッフに意外と人気だったのがデザートのプリンです。

現地のシェフにつくってもらったのですが、とにかく甘いのです。ところがドルチェには一家言あるイタリア人のスタッフが「こんなにおいしいプリンを食べたことがない」と目を丸くしていました。グアバを砂糖で煮たものとフレッシュチーズを組み合わせた赤と白のデザート「ロミオとジュリエット」も好評でした。

ブラジルのデザートに欠かせないのは、「ドゥルセ・デ・レチェ」という練乳でつくったデザートソースでしょうか。どんなデザートにも添えられていて、味の決め手になっています。こういった細かい一つひとつの発見を、私は日記に書き込みました。一年後の本大会の参考にするためです。

日本は六月二十二日、コンフェデの第三戦において、メキシコを相手に1対2で敗れて三戦全敗という結果となりました。

約一ヶ月に及んだ長い旅が終わりました。選手たちも、私たちスタッフも、ワールドカップ本大会に向けて課題が明確になり、得たものは大きかったです。この経験と悔しさを本大会で晴らそうと、全員がもう前を向いていました。

想定外のセルビア遠征

コンフェデを終え、七月二十一日から二十八日にかけて東アジアカップ2013が韓国で行なわれました。この試合に私は帯同しませんでした。代表チームのメンバーには多くの若い選手が初選出され、柿谷曜一郎選手や大迫勇也選手、山口螢選手らが躍動し、優勝を果たしました。私はテレビで観戦しながら若い選手たちの活躍を頼もしく思い、次の欧州遠征に向けて期

セルビアのホテルでは、洗い場の人たちと一緒におにぎりをつくった。

待に胸を高鳴らせて帯同の準備を進めました。

十月十一日にセルビアで、十五日にはベラルーシで行なわれる欧州遠征が待っていました。

セルビアの首都ベオグラードに到着し、そこからバスで二時間ほど移動したところにあるノビサドという街に向かいました。はじめて訪れる街ですが、今回は日本から魚を持ち込むことができましたし、それほど心配はしていませんでした。

ところが、ホテルに到着して、ホテルのシェフがつくってくれたパスタを一口食べた瞬間、「これは大変なところに来たな」と悟ったのです。それは私の感覚からすると、パスタとは言えない感じでした。想定外の事態でした。

その上、ホテルのシェフは朝食が終わる

と、「あとは若いヤツを使ってくれ」と言って帰ってしまいました。

私が見習いのようなシェフに「オレンジの皮をむいてほしい」と頼むと、外側の皮しかむきません。白い皮までむくことから教えることになりました。そして「若いヤツ」がよく替わるので、イチイチ説明しなければなりません。

ホテルのシェフに任せられないので、ほとんどのメニューを自分でつくることになり、いつも以上にバタバタな厨房となりました。

ホテルにある野菜は意外と種類が少なく、近くにスーパーもありません。ブロッコリーを日ごとに焼いたりゆでたりして調理法を変えてみるしかありませんでした。ただ、ホテルの調理補助の女性がつくったコールスローは絶品でした。セルビアでは野菜よりも肉を多く食べるようで、肉料理は「想定以上」。牛肉と鶏肉のスープに炒めた玉ねぎを入れて、カレー粉とミルクを混ぜて煮込む郷土料理も調理補助の女性がつくってくれました。それはとてもおいしくて、「これはいけるね」と言うと、彼女も若いシェフも「そうでしょう」と笑顔を向けていました。

私もシェフたちにいろいろなことを教わりました。料理による国際交流は、言語などのすべての壁を越えます。厨房にはいつのまにかチームワークの輪が生まれていました。

私は柿谷選手や山口選手など新しい選手一人ひとりの「オムレツは卵四個」などといったオーダーや、味付けの好みをすぐに頭に入れ、朝食会場のライブクッキングでも笑顔で応じられるように心がけました。

対セルビア戦は残念ながら0対2で敗れてしまいました。しかしチームに息をつく暇などありません。続いてロシアに程近いベラルーシに移動して、首都ミンスクに入りました。ミンスクもはじめての滞在でしたが、路面電車が走っていて活気のある、思ったより大きな町でした。ここも日本から食材を持ち込むことができたので、問題はありませんでした。ホテルのシェフたちも実に協力的でした。

寒さの厳しい敵地で選手たちはベラルーシを相手によく戦いましたが、残念ながら敗れてチームは二連敗。テレビ中継がなかったため、私はスタッフから電話を受けて結果を知りました。試合後の食事会場は、いつも以上に沈んだ空気でした。

川島選手と顔を合わせると「西さん、負けてすみません」と悔しさをにじませた表情で言うのです。私などにそんなふうに言わなくてもいいのに。カレーを食べて、連

ミンスクのシェフに、いわき味噌をプレゼント。

戦で疲労した身体を休めてほしいと思いました。

日本に戻ると、代表チームへのバッシングや今後を心配する声も聞かれ、胸が痛みました。選手たちは、たとえアウェイでも、どの試合も全力で真剣に戦っています。日本代表の誇りを持って戦う選手たちの闘志を私は肌で感じています。私も次こそは、とよりいっそう強い気持ちになりました。

ワールドカップ前、最後の海外遠征

欧州遠征の締めくくりは二〇一三年十一月十六日にベルギーのヘンクで対オランダ戦、十九日にはブリュッセルで対ベルギー戦です。十一月のベルギーは寒く、霧が立ち込めていました。そんな中でも選手たちは熱く戦いました。強豪国のオランダに0対2から2点を奪って同点に追いつき、引き分けという結果でした。オランダ戦を終えて、チームは「いける」という雰囲気になりました。

翌日に移動したブリュッセルでは現地の食材も豊富でした。魚はすべて新鮮で、冷凍のものはありません。パスタをつくっていると、ホテルのシェフに「ボロネーゼはチキンじゃなくていいのか？　試合前はビーフじゃなくてチキンだろう」と言われたのです。そのホテルでは、試合前に出すボロネーゼは油脂の少ないチキンでつくっているそう。今までに聞いたことのない話です。海外の複数のサッカーチームが利用しているホテルなので、時間があったら他のチームの話を聞いて参考にしたいと思いました。

ホテルのスタッフには、「日本食のニーズが世界的に高まり、ホテルでも出したいと思っているけれど、つくり方がわからないので教えてほしい」とお願いされました。

夕食の前の時間を利用して、カリフォルニアロールと握り寿司をつくり、手順やポイントを説明しました。握り寿司の魚は刺身用のまぐろやサーモンなどです。お寿司が出来上がると、大試食会が始まりました。皆が「おいしい」と言ってくれて、ホテルの経営者など次々にいろいろな人がお寿司をつまみに来るのです。こんなに日本食に関心をもってもらえるとは意外でした。私は英語の勉強のために持ってきていた日本料理のレシピの英訳本をホテルの料理長にプレゼントしたら、とても喜ばれました。

ベルギーのホテルのスタッフに私が教えてもらった調理法もあります。それは、肉や魚をまずグリルして、表面を固めてから一二〇度のオーブンに入れ、しっとりジューシーに焼きあげる方法です。通常、一八〇度くらいのオーブンに入れるのですが、温度が高い分、水分が飛んでパサつきやすいのです。さっそくこの調理法を取り入れようと思いました。

試合は、ワールドカップブラジル大会のシード国であるベルギーを相手に3対2で勝利しました。十月の欧州遠征で二連敗した悔しさを晴らすことができたのです。

試合後の食事会場は明るく、会話がいつも以上に弾んでいました。長谷部選手、本田選手、清武選手、川島選手ら海外組の選手たちが積極的にテーブルをまわって声をかけあい、話し込んでいたり、ときおり笑い声が響いたりして、とてもいい雰囲気でした。

この欧州遠征では、荷物の運び方で新たな発見がありました。今までは私と原川さんが現地に先乗りして、荷物は後から選手たちと一緒に到着するようにしていました。荷物が到着してから、その整理などでいつもバタバタでした。たまたま今回は欧州間の移動は機体の小さな飛行機だったので、一度に荷物を運ぶことができず、人も荷物も二便に分けて運ぶことになりました。すると、到着した荷物の片付けがスムーズにできて、現地での準備を早く進められることがわかったのです。次から荷物も先に運べるといいですね、と津村さんとも話していました。ワールドカップブラジル大会に向けて、収穫の多い欧州遠征となりました。

そして何よりも、オランダ戦、ベルギー戦の内容がよかったことが、私にとっても大変にうれしかったことです。明るく団結したチームの雰囲気のまま、ワールドカップに向かいます。

第四章

福島の今、そして未来

仮設住宅に住む両親

私の料理の味の基本は、「おふくろの味」です。おふくろがつくる料理は、薄味で、素材のうま味を生かしたものです。

おふくろは農作物の味にこだわります。すでに書いたように、南相馬市小高区の実家は兼業農家でした。田んぼでは、コシヒカリをつくり、農協に出荷していました。田んぼは海に近く、川沿いにあるため、砂地です。砂地の田んぼでつくる米はおいしいと昔から言われています。親父は土壌改良した田んぼでコシヒカリを減農薬でつくっていました。安全でおいしい米づくりにこだわっていたのです。畑では、ニンジン、玉ネギ、ジャガイモ、ホウレンソウなどの野菜を、無農薬で土の力を大切にしながら育て、家で食べる分以外は近所の人に配っていました。「買ってきたものよりも、自分ちでつくったもののほうがおいしい」とおふくろはよく言っていました。年を経るに従って、薄味を好むようになるので、なおさら素材のうまみがわかるのでしょう。

家では子どもも貴重な労働力だったので、稲作と畑仕事は子どもの頃から手伝わされましたが、当時は嫌で仕方がありませんでした。今振り返ってみると、作物の命について大切なことを子どもの頃から直に学べたことを感謝しています。

震災前は、専門家の指導を受けながら、田んぼに生育する希少種の植物を別の場所に移して

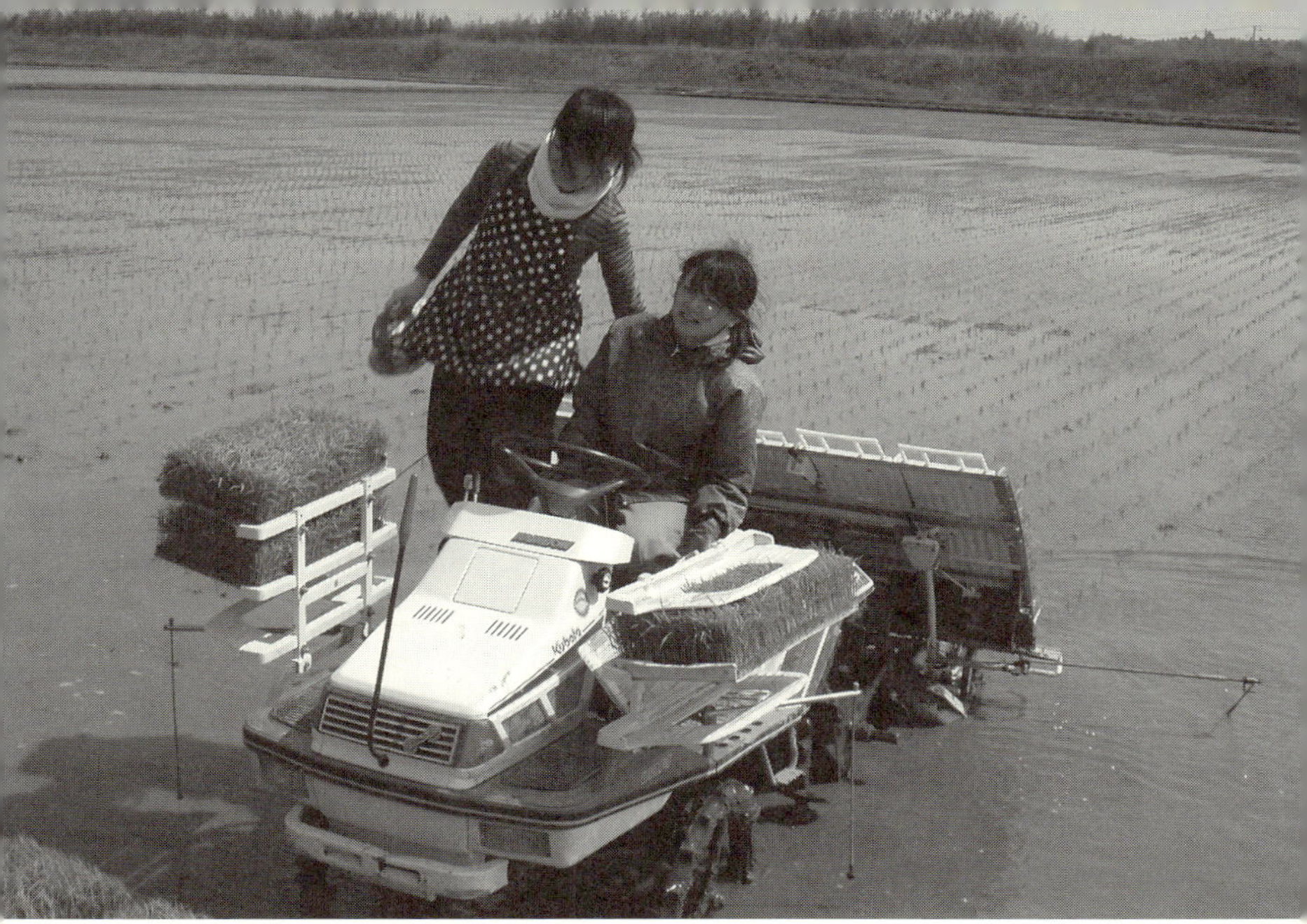
震災前、田植えは娘たちも手伝う恒例行事だった。

保護する活動なども近所の人たちと一緒にやっていました。故郷の豊かな自然の尊さを今になってしみじみと感じます。

料理人になり、Jヴィレッジで働くようになってからは、家の農作業は進んで手伝うようにしていましたし、田植えと稲刈りのときには、毎年娘たちも手伝いに来ていました。両親は一年のうちでもこの日をとても楽しみにしていました。田んぼや畑が家族をつなぐ場でもあったのです。

先祖代々にわたって、この土地で農業を行なってきました。その田んぼが津波で塩水に浸かり、汚泥に覆われてしまいました。それだけでなく、放射能に汚染されました。

震災前、親父は南相馬の土地改良区の理事を務め、田んぼの基盤整備の中枢を担っていました。近所の人も兼業農家が多いのです。基盤整備の仕事も近所の人たちと一緒にやっていました。その仲間三人が津波で流されてしまったのです。

両親はしばらくは東京で避難生活を続けていましたが、震災後の田んぼの再生に向けて話し合いを始めたいと小高区産業課の担当者から連絡があり、親父とおふくろは二〇一二年七月三十日に南相馬市の原町地区の仮設住宅に入居しました。

親父は心臓の病気を抱えていて、医師から「寒さで病状が悪化することがある」と言われていました。仮設住宅の冬の寒さは一段と厳しいので、冬の間は東京にいたほうがいいんじゃないかと勧めましたが「田んぼのことがあるから」と首を縦には振りませんでした。

実家はフクイチから二〇キロ圏内にあり、「警戒区域」に指定され、立ち入りが制限されていましたが、二〇一二年四月十七日に「避難指示解除準備区域」に移行され、立ち入りはできますが宿泊はできない状況が続いています。両親が仮設住宅に入居した翌日の七月三十一日、半年ぶりに実家の中に入ってみると、締めきった部屋は畳に雨漏りしてカビが生えたにおい、ネズミのにおいなど、長い時間の経過によるさまざまな異臭が漂っていました。

放射能汚染が心配される庭の柿の木は四本切り倒し、庭の風景も変わりました。実家では、作付けの準備をしている時に震災と原発事故が起こって避難することになったので、種もみや肥料などは手つかずのまま家の中に放置されていたのです。翌月にボランティアの人たちが実家の片づけをしてくれて大変に助かりました。置きっぱなしだった種もみや肥料などはすべて袋の中に入れて、実家に置いてあります。

環境省による田んぼの除染はまだ進んでいませんが、親父は田んぼの再生に向けて動き出しました。表土の放射線量が高いため、表面を五センチほどはがしたり、深く耕したりするなどして試行錯誤を続けています。「早く除染を進めて、子どもたちが田んぼに戻って来られるようになってほしい」と親父はよく言っています。孫と一緒に田植えをしていた日々を取り戻したいという思いでいるのでしょう。時間はかかりそうですが、根気強く田んぼの再生に向けて取り組む親父の強い意志には脱帽します。

仮設住宅に入居してから、両親は近くの畑を借りて、チンゲンサイ、ニンジン、ダイコン、ハクサイなどをつくっています。畝二つ分くらいの畑で、自分たちが食べる分の野菜です。これまでずっと、自分たちが食べる野菜は自分たちでつくってきているので、畑でつくることが両親にとって自然なことなのだと思います。

今までは、一軒家の大きな家で、家の中を歩くだけでもいい運動になりました。ところが四畳半が三間あるだけの仮設住宅では、ほとんど歩かなくなってしまいます。それで体が弱ってしまうお年寄りも多いと聞きました。仮設住宅で隣近所のコミュニティがあって、行き来するようなことがあれば、少しは運動になりますが、どうしても部屋に閉じこもりがちになります。両親には少しでも畑仕事をして、体を動かしてもらいたいと思います。

震災が起こるまでは、私と両親は一緒に暮らしていましたし、近所の方々とも数十年にわたって深くつきあってきました。お茶をのみながらいろいろなことを話したり、農作物を分け合ったり、お互いの家でごちそうしたり。震災後、それがなくなった状況に両親はまだ慣れることができずにいます。近所の方々はいわき市や県外に避難する人、南相馬市の仮設住宅に入る人など、さまざまです。法事やお葬式などのときにしか会えなくなりました。

両親が仮設住宅に入ってからは、両親となかなか会うこともできません。南相馬の仮設住宅で私も一緒に暮らして、そこから「ハーフタイム」と「アルパインローズ」に通うことができるといいのかもしれませんが、国道六号線を通る際には「通行許可証」を提示しても朝六時から夜八時までしか通行できないので、それは不可能です。私や妻、娘たちが頻繁に様子を見に行くこともなかなか難しいのです。

両親は仮設住宅に住む他の家族は週末になると孫を連れてきていると言って寂しがります。家族皆と一緒にいたいのです。「こんなことになるなら、津波に流されて死んだほうがよかった」とおふくろが泣きながら言ったこともありました。津波で亡くなった方には申し訳ない言葉ですが、おふくろにはそれほどまでにつらい思いをさせているのです。少しでも時間があったら会いに行きたいと思いますし、当たり前のことですが、困ったことがあったら助けなければと思います。

両親だけでなく、南相馬でも広野でも、今まで大所帯で暮らしていた家族が、被災してバラバラになったという家がほとんどです。そういった人たち皆が急な環境の変化を迫られ、さまざまな思いを抱えながら過ごしているのです。

両親の場合は、幸いなことに周りに同じ行政区の人たちがいて少し安心ですが、仮設住宅には特有の問題もあるようです。これは他の地区のことですが、原発事故に伴う避難で東電から賠償金が支給されている世帯と、避難区域外で津波によって家を失った世帯が同じ仮設住宅に暮らすことの難しさがあります。そういったことがストレスの要因になり、軋轢が生じやすくなっているそうです。

仮設住宅に入居できるだけでもありがたいのですが、このような話を聞くたびに、仮設住宅に住んでいる方々の心のケアも必要だと感じます。

南相馬の実家は、地震で壊れたところを直していつでも住める状態になっています。両親は倒壊したお墓も新しくつくり直しました。やはりこの家が家族の基盤です。南相馬市小高区は二〇一六年四月に避難解除する目標のもと、町の整備を進めています。まだ時間はかかりますが、両親が自宅に戻れる日が一日でも早く来ることを願っています。それまでの間、両親が元気に過ごせるように気をつけて見てあげなければと思います。

広野町の農家の皆さんとのつながり

私が料理をつくる上でこだわるのは、新鮮で、おいしい食材を使うことです。塩や醬油などの調味料も、自分が納得したものしか使いません。おいしい塩、おいしい醬油を使い、素材の良さを生かして調理するように心がけています。

広野町は、福島県浜通り地方の中部に位置する人口約五千人ほどの町です。ここは何より自然の魅力に満ち溢れた町。五社山を望み、北迫川、浅見川、折木川の三つの川が流れていて、四季折々に美しい姿を見せてくれます。震災前、浅見川をのぼってくる鮎を料理に使ったこともありました。

「アルパインローズ」のある二ツ沼総合公園は万葉集の東歌に詠まれています。

　沼二つ通は鳥が巣あが心二行くなもとなよ思はりそね

この歌碑が公園の脇にあります。幕末の戊辰戦争では「二ツ沼の戦い」の舞台になりました。広野の肥沃な土地では昔から農業が盛んで、水稲作の他に、玉ネギ、ブロッコリー、ジャガイモ、トマト、アスパラガス、カボチャなど、多くの農産物がつくられてきました。私が自信をもって使うほど、味はいずれも一級品です。

広野の農家の方々とは、震災前からさまざまなかたちでつながりがありました。

広野町は東北地方の中では温暖で寒暖の差が少ない気候です。三十年ほど前、町が温暖な気候をアピールしようと温州ミカンの苗木二〇〇本を町役場の横にある丘に植えたり、苗木を町民に配ったりしました。そして「温州ミカンの北限」として広野町を売りだしてきました。その取り組みの一つとして、広野の温州ミカンを使って新商品を開発できないか、という相談を震災前に町の産業課から受け、広野でつくられている小麦粉と温州ミカンを組み合わせて、〝ミカンパスタ〟をつくろうと考えました。そのときに一緒に活動していたのが、広野町議会議員で、二ツ沼直売所組合副組合長の塩史子《しおちかこ》さんです。ミカンパスタは、残念ながら試作段階で震災が起こり、ストップしたままです。震災以前は、イベントのときなどには役場から頼まれて、料理指導をすることもあり、それに参加してくださる農家の方々との交流もありました。第二章で述べたように、広野町の「緊急時避難準備区域」の指定が二〇一一年九月三十日に解除されても、なかなか町の人たちは戻ってきませんでした。戻ってきたのは、高齢者の方がほとんどで、それも農業を営む方が中心でした。

私はJヴィレッジ内の「ハーフタイム」を九月十五日にオープンしましたが、その少し後に、塩さんから電話をいただきました。そして、広野に戻ってきた農家の皆が風評被害で苦しんでいることを聞き、放射性物質検査で問題がなかった玉ネギを使ってほしいとお願いされました。広野町の玉ネギは甘みがあって、みずみずしくて、とてもおいしいのです。「LやMというように規格で揃ってはいないけど、包丁を入れたときのやわらかみがちがう。ジューシー」と塩さんも太鼓判を押す玉ネギです。

農家の人たちは、つくった農作物を細かく刻んで、放射性物質検査にかけなければなりません。放射性セシウム、放射性ヨウ素が国の基準値以下であれば、販売は可能になります（二〇一二年四月以降、放射性ヨウ素は規制の対象から除外されました）。セシウムもヨウ素も非検出の玉ネギを塩さんに持ってきてもらいました。食べてみて、広野の玉ネギのおいしさをあらためて実感したのです。ぜひレストランで使いたいと思いました。ほかに、ジャガイモのメークインも、セシウム、ヨウ素ともに非検出なので、玉ネギとあわせて仕入れることにしました。少しでも高い値段で買ってあげたいのですが、市場価格で買うことがせめてもの誠意でした。

塩さんは農産物の生産者と消費者をつなぐ重要な役割を果たし、農産物が売れなくて困っている多くの農家に救いの手を差しのべました。私が塩さんに「玉ネギ五〇キロお願いします」と電話をすると、今なら誰の家に行けば玉ネギがあるかを塩さんは把握していて、その農家の方のところに取りに行き、検査済みの玉ネギを持ってきてくれます。農家の方も私も助かっているのです。

塩さん自身も被災して、体育館や旅館などでの避難生活を経て、震災の翌年の一月に自宅に戻りました。このときはまだ避難しながら、勤務されていたのです。

二〇一一年十月一日と二日には、いわき市の二十一世紀の森公園で「がんばっぺ！ いわき復興祭」が開催されました。塩さんたちと一緒に私も出店し、広野の玉ネギをふんだんに使った味噌味の「玉ちゃん餃子」をつくりました。玉ネギのシャリシャリした歯ごたえがポイントです。放射性物質検査済みで、いくら安全だと言っても、売れるかどうか心配だったのですが、大きな紙に玉ネギの絵を描いて屋台に貼り、大きな鉄板で餃子を焼き始めるとすぐに大勢のお客さんが集まってきました。お客さんは途切れることなく続き、十二時には一〇〇食分五〇〇個が売り切れてしまいました。これには塩さんも大喜び。「二〇〇食分くらい用意してもよかったね」と、とてもうれしそうでした。手伝ってくれた農家の人たちとホクホクの笑顔で帰ることができ、風評被害を乗り越えていけるのではないかという手ごたえもありました。

復興祭から戻ってきて、玉ネギをつくっている農家のおばあちゃんに、「大反響でしたよ。またたくさん種をまいておいてね」と言うと、満面の笑みを返してくれました。

それから二ヶ月後の十一月一日に「アルパインローズ」の開店を手伝ってくれたのは農家のおばあちゃんたちです。

野菜直売所が再オープン

「一生懸命に野菜をつくっても、売る場所がないと、農家の皆さんはがっかりするし、本気になってつくらないでしょう」と塩さんは言います。住民たちが戻れる状態になっても、町には野菜を買う店がありません。塩さんが町長から野菜直売所を再開してほしいと頼まれたそうです。二〇一三年七月二十七日に塩さんが中心になって「広野町二ツ沼直売所」を再開しました。場所は、二ツ沼総合公園のすぐ隣です。

二〇名ほどの農家の人たちが会員になって、つくった野菜を提供しています。販売する野菜の一つひとつは放射性物質検査をしたものです。塩さんによると、最初は、野菜が集まらなかったそうです。畑にどれくらいの放射能が残っているのかもわからないし、どうせつくっても売れないだろう、という気持ちが農家の方々の中にはありました。震災前と同じように農作業をしているのに、作物が売れなくなる。その苦しみはどれほどのものでしょう。塩さんは、農作物を以前のように販売して、売れることが、農家の人たちの励みになると考えていました。つくったものから放射性物質が検出されてしまうのは、農家の方にとって困ることです。放射性物質を吸収する肥料ゼオライトを使用するまでは農業を中断する方もいました。

2013年7月27日に再開した「広野町二ツ沼直売所」。

二ツ沼直売所は月曜日の定休日以外は、九時から十三時まで毎日営業しています。直売所で花類も販売して、お客さんに大変に喜ばれたそうです。というのも、楢葉町など、警戒区域の指定がようやく解かれ、やっと出入りが自由になったので、お墓参りに行く時に持っていく花がここで手に入ると助かるのです。農家から直接持ってきている手頃な値段のがっちりとした花束で、日持ちもします。花が目当てで立ち寄るお客さんも多くいました。

離れたところに住んでいて、直売所に買いに来られない人のために、野菜のつめあわせを宅配するなど、塩さんたちは住民の希望に応じていろいろなことを考え、工夫しています。

原発事故以降、約二年間にわたって稲の作付けの自粛が要請されていましたが、二〇一三年秋には、広野で三年ぶりに米の出荷がありました。農家は田んぼにゼオライトをまき、稲刈りをして収穫したすべてについて放射性物質検査をしなければなりません。その上でクリアできたものだけが出荷できます。広野の米は阿武隈山系からの水でつくられていて、昔から評判がいいのです。風評被害もあるのですぐに人気が回復するのは難しいかもしれませんが、復興に向けて大きな一歩となったのではないでしょうか。

広野町には三〇〇ヘクタールほどの田んぼがありますが、二〇一三年に作付けしているのは一〇〇ヘクタールほどだと塩さんからお聞きしました。まだ三分の一程度ですが、一四年には一四〇〜一五〇ヘクタールほどになる予測が出ています。政府が備蓄米として補助金をつけて購入してくれることも、作付けが広がってきている要因だと言えます。

そのなかには、広野の自宅に戻って農作業をしている人もいますが、いわき市などの仮設住宅から通って作業をする人も少なくないそうです。小さいお子さんがいる家族は、お孫さんの世話をしながら仮設住宅から田畑に通う人が多いのです。その場合、農作業の道具が置いてある自宅の納屋に寄ってから田畑に向かうことになります。農作業は今まで以上に大変になります。原発が不安定ですから、農家の方々の気持ちもわかります。今まで以上の苦労をしてつくられた農作物であることを、しっかりと心に留めて料理したいと思います。

安全な食材を選ぶ

農作物によっては、放射性物質検査をすると、基準値を超えてしまうものもあります。例えば、ジャガイモでも、メークインは非検出なのに男爵からは検出されるということもあります。

水産業については、汚染水の問題もあって海洋汚染の広がりが懸念されています。福島県漁業協同組合連合会は、二〇一三年六月に始めていた県北部の相馬双葉漁協による試験操業を、汚染水の港湾流出が明るみになったために八月二十八日の会議で中断することを決定。九月二十五日になって再開しました。いわき市漁協と小名浜機船底曳網漁協も十月三日から試験操業を再開しました。

原発事故後、厚生労働省では、食品中の放射性セシウムの暫定基準値を設置し、基準値を超える食品が流通しないように出荷を制限するなどの措置がとられてきました。しかし、長期的な観点から新たな基準値が設定され、二〇一二年四月から施行されることになりました。放射性セシウム（放射性ストロンチウム、プルトニウム等を含む）の基準値は、一般食品が１００、乳児用食品、牛乳が50、飲料水が10（ベクレル／ｋｇ）です。それまでの暫定基準値（野菜類、穀類、肉、卵、魚その他が５００、牛乳、乳製品、飲料水が２００）に比べて厳しくなりました。

チェルノブイリ原発事故の影響が続くウクライナではどうなっているか調べてみたところ、二〇〇六年にようやく独自の基準値が設けられたとわかりました。セシウム１３７の基準値

「二ツ沼直売所」で野菜を選ぶ。すべての商品に、生産者の名前が記されている。

は、パン20、ジャガイモ60、魚150、牛乳100、飲料水2（ベクレル／kg）などとなっており、食品ごとに細かく設定されています。また、別にストロンチウムの基準値も設定されています。日本の基準値も、今後また変わってくる可能性があるかもしれません。より注意深く情報を捉えていく必要があります。

　私はなるべく地元のいい食材を使いたいと思っています。ただ、自分の判断で使っていない食材もあります。毎月発行される広野町の広報誌「ひろの」にも、検査結果の情報が出ています。放射性物質検査で基準値をクリアしているものでも、自分で実際に確かめたり、過去の検査結果と照らし合わせたりして慎重に食材を選んでいます。

　フクイチは、依然として予断を許さない状況が続いています。放射線測定値の基準の変化もあり、あらゆることにおいて、断定的なことは言えない状況です。使う食材の一つひとつについて安全かどうかを自分でしっかりと判断し、安全な食材と、おいしい料理を提供することで、町の活性化につなげていきたいと考えています。

福島県代表「玉ちゃん焼き」

広野の野菜をアピールするため、さまざまなイベントにも参加するようになりました。二〇一三年九月二十九日には、カシマスタジアムで鹿島アントラーズと東北人魂とのコラボレーションイベント「EAST　COAST　グルメグランプリ　in　KASHIMA」が開催され、私は出店を依頼されました。このイベントは青森、岩手、宮城、福島、茨城の各県から出店した中からナンバーワンを決める、という内容です。福島県代表として私が出店することになったのは、広野町に来てくださり、町役場まで行っていろいろ話を聞いてくださった小笠原満男選手が、「広野の野菜はすべて放射性物質検査をして安全でおいしいのに、なかなかそのことが伝わらない。広野で一生懸命野菜をつくっている人たちがいて、それを使って料理をつくっている人たちがいる。そのことを多くの人に知ってもらうために、ぜひスタジアムで広野の野菜を使ったおいしい料理をつくってください」と私に声をかけてくださったからです。その気持ちに心を打たれました。

イベント当日、二〇〇四年のアジアカップで優勝した瞬間の写真を大きなタペストリーにしたものを会場に持って行って飾りました。それは、震災前にＪヴィレッジに飾ってあったもので、アルパインローズをオープンしてからは、店の入り口に飾ってあります。小笠原選手とともに戦ったアジアカップ。思い出が詰まっています。小笠原選手はタペストリーを見つけて「これ、持ってきたんですね！」と笑顔で設置する作業を手伝ってくれました。

左隣に屋台を構える青森県が「せんべい汁」、右隣の宮城県が「牛タン焼き」で出店すると聞き、私は「玉ちゃん焼き」で勝負に出ました。メインはまたしても広野の玉ネギです。まず、お好み焼きの定番の具を入れた生地を流し入れ、お好み焼きと同じ要領で焼きます。その間に、みじん切りにした玉ネギを鉄板の上で飴色になるまでソテーします。お好み焼きが両面焼き上がったら、ソテーした玉ネギにソースをあわせた特製玉ネギソースをお好み焼きの上にかけて、鰹節をふりかけます。さらにその上に、牛肉のサイコロステーキをのせてしまうという、宮城県の牛タン焼にメラメラと対抗心を燃やした一皿です。

工夫を凝らしたところで、はたして売れるのかどうか最初はとても心配していました。ところが、始まったとたん、長蛇の列です。手を休める暇なく、大きな鉄板で玉ちゃん焼きを焼きまくりました。鹿島アントラーズからは、本山雅志選手と中田浩二選手がサポートに入ってくださり、岩手県大船渡の屋台でサンマやエビを焼いているはずの小笠原選手が何度もこちらの様子を見に来てくださって、大盛り上がりで助かりました。

お好み焼きをあえて厚く焼いたため、焼くのに時間がかかってしまって、お客さんを二時間近く並ばせてしまいました。長時間お待たせして大変に申し訳なく思いました。

五〇〇食分を完売し、気づいたら、もうイベント終了の時間。特別賞までいただいてしまい、今回声をかけてくださった方、手伝ってくれた選手の皆さんとスタッフ、お店に足を運んで下さった方々に感謝の気持ちでいっぱいです。

「玉ちゃん焼き」を焼く鉄板の隣では、広野町役場の人たちが、玉ネギや長ネギ、ジャガイモなど広野の野菜を販売し、こちらも完売。そして多くの方々に励ましの言葉をかけていただきました。本当に特別な一日になりました。

「すいとん街道」の取り組み

地名としての『広野』は天正十年（一五八二年）の藩主岩城常隆《いわきつねたか》の時「北迫《きたば》村に広野立つ」とあるのが初見とされていますが、江戸時代の初期ここに相馬路《そうまじ》（南方の岩城平《いわきたいら》から北方の相馬中村《そうまなかむら》までの浜街道）の宿駅「広野宿」が設けられ、「広野」の名称が使われております。

「浜街道」の名称はすでに八世紀初頭「道（陸）の奥」の国府 多賀城に通じる官道「海道」として敷かれていたことに始まります。

広野町のホームページにこのように紹介されているように、広野は、江戸時代から宿場町として栄えてきました。「浜街道」という名称は奈良時代から存在していたことがわかります。

浜通りを海沿いに走る常磐自動車道は震災前から工事中で、双葉郡（広野町、楢葉町、富岡《とみおか》町、川内《かわうち》村、大熊《おおくま》町、双葉町、浪江町、葛尾《かつらお》村）、相馬郡（新地町、飯館村）を貫く常磐自動車道の富岡町以北の開通にあわせて、浜通りにお客さんを呼ぶために、郷土料理のすいとんで何かできないかと福島県相双地方振興局長（当時）の武義弘《たけよしひろ》さんから相談されていました。

すいとんは「水団」または「水飩」と書きます。小麦粉の生地を丸めて汁で煮込む郷土料理で、福島では昔からよく食べられてきました。「にぎり」や「だんご汁」などと呼ぶ地域もあります。「にぎり」は、生地を握って入れるので、かたまりが大きいのが特徴。会津地方で古くから伝わる「だんご汁」は、うるち米粉ともち米粉を合わせてだんごをつくり、野菜といっしょに煮たものです。

キノコや海鮮など地域特産の食材を使って、その町ならではのすいとんをつくり、地域おこしをしようと始めたのが「すいとん街道」です。そのはじめての試食会が、震災の翌日に予定されていたのです。

震災後、しばらく延期になっていましたが、私が福島に戻ったことをきっかけに、もう一度、地域を再生しようという話になって企画が復活しました。広野町をふくめて、双葉郡、相馬郡内の町や村ですいとんをつくるイベントが開催されるようになっていきました。

「すいとん街道」の試みは、震災前は、多くのお客さんを呼び込もうという商業的な意図で始まりましたが、震災を経てからは、すいとんを通して町や人とのつながりを持つこと、地域で受け継がれてきた食の魅力をあらためて知ろうというコンセプトに変わっていきました。すいとん街道の対象となる町や村のほとんどが、原発から近く、自宅を離れて別の場所に避難している人が多いのです。避難先の会津やいわきなどの仮設住宅や調理設備のある公民館などに出向き、避難中の町の人を集めてすいとん街道のイベントをすることがほとんどです。

各町村の婦人部や商工会の方々と一緒にイベントを行ないますが、そこではいろいろな出会いがあります。

私は自分のすいとんのつくり方で、生地を小さく、薄くして、食べやすい大きさにしていると、「こんなに小さいの、すいとんじゃないんじゃない？ すいとんは〝だんご〟にしなくちゃ」と婦人部の方に言われることもありました。地域によって具や味付けなどのちがいが大きく、私もいろいろなタイプのすいとんについて知ることとなり、勉強になりました。山の方では、イノシシの肉やキノコを入れて食べるのが一般的だということや、味付けは味噌味の地域もあること、山間部では寒いせいか、汁の味が濃い傾向があることなどがわかりました。

その地域で食べられてきたすいとんの味は、地域の人たちにとっての「おふくろの味」です。その土地の特産品も入っていて、土地への愛情も込められています。今までは何気なく食べていたかもしれませんが、震災後、避難先でつくって食べると、おふくろの味のぬくもりと故郷への思いが溢れてきます。故郷から離れざるをえなくなったことで「ふるさとの味」「おふくろの味」を受け継ぐことの大切さをあらためて実感するのです。参加者同士の心と心が、そのような思いでつながっていくように感じました。

としちゃんの「ごんぼっぱもち」

町の皆さんにとって、「すいとん街道」はいい交流の場になっています。

二〇一三年一月、大雪の日のことです。葛尾村から三春町に避難している人たちを集めて「すいとん街道」のイベントを行ないました。道路状況が悪かったにもかかわらず、多くの人たちが集まりました。郡山から足を運んでくれた人もいました。避難することでバラバラになってしまい、連絡がとれなくなっていた人に会えるかもしれないという期待もあって、イベントには、いつも予想以上に多くの人が集まります。震災後、はじめてそこで会う人たちもいます。

三春町では「マミーすいとん」と、たっぷりのきのこと豚肉を使った味噌味の「葛尾村のすいとん」の二種類をつくりました。「マミーすいとん」は、震災前からＪヴィレッジのレストランの名物メニューでした。一九九九年に楢葉町で「すいとん創作料理コンテスト」が開催され、グランプリをとったすいとん料理を私なりにアレンジしたものです。ゴボウ、ニンジン、シイタケ、ネギ、鶏肉を具にした醤油味のすいとんです。二〇〇一年にサッカー日本代表がＪヴィレッジで合宿した際、フィリップ・トルシエ監督がとても気に入り、故郷のおばあちゃんがつくったスープのようだと言って「マミーすいとん」と名づけました。楢葉町の昔ながらのすいとんは、醤油が少し濃いのですが、私は全国から来るお客さんの口に合うように、少し薄めにしました。今でも「Ｊヴィレッジで食べたすいとん、ありますか？」と聞かれることが多いので、アルパインローズのメニューに加えています。懐かしく思って食べていただけるとうれしいです。味噌味のすいとんに慣れた葛尾村の人たちは、マミーすいとんを食べて「醬油味のすいとんは、はじめて」と驚いた様子でした。

三春町では私もいい出会いがありました。永沢利子さんというおばあちゃんです。皆に「としちゃん」と呼ばれているので、私も「としちゃん」と呼ぶようになりました。としちゃんの自宅は葛尾村にあります。フクイチから約二〇〜三〇キロの葛尾村は、帰還困難区域、居住制限区域、避難指示解除準備区域に指定され、村民全員が避難を余儀なくされています。としちゃんは、親戚の家や避難所を転々とし、五度目の避難先として二〇一一年八月に三春町の仮設住宅「斎藤里内団地」に入居しました。としちゃんの娘と孫は郡山に避難していて、ここに一人で暮らしています。

三春町での「すいとん街道」のイベントに参加していたとしちゃんに、「ごんぼっぱもち」という凍み餅と手づくりの「生芋こんにゃく」をお土産としていただきました。

ごんぼっぱもちは、地元では「ヤマゴボウ」と呼ばれる「オヤマボクチ」というキク科の植物の葉を煮て、アク抜きをし、もち米とうるち粉と一緒についたものです。日が沈んで氷点下になってから、餅を水に浸して外に干し、太陽が昇る前に取り込んで、風通しのいい部屋で約四〇日間自然乾燥させるのが本来のつくりかたのようです。ごんぼっぱもちは福島で保存食として江戸時代末期から冬になるとつくられてきたと言われ、代々受け継がれています。繊維質が多く、身体にいいのです。それぞれの家庭によって葉が多かったり、餅が多かったりとちがいがあるのもいいところです。私も子どもの頃から、お腹がすくと、家に干して水に浸してあるごんぼっぱもちを祖父母や母が焼いてくれて、砂糖醤油をつけて食べていました。

としちゃんからごんぼっぱもちをいただいて、久しぶりに食べてみたらおいしくて、無性に懐かしくなりました。

震災後、原発事故による放射能汚染のため、葛尾村のオヤマボクチの葉も使用できなくなりました。福島では、どこに行ってもごんぼっぱもちが手に入らなかったのです。だからとしちゃんからいただいたときは驚きました。

としちゃんは、この伝統保存食を絶やさずに残していきたいと思い、オヤマボクチの葉を探したところ、震災前に採った葉を持っている人を見つけて、それを使ってつくりはじめました。としちゃんを中心に、三春町の仮設住宅や三春町内に避難中の松本ウメさん、大友美代子さん、松本清子さんが集まって、四人で教えあいながらつくっています。震災前に採った葉がなくなってからは田村市で栽培している農家を見つけて購入し、放射性物質検査をした葉を煮て、再び検査にかけ、さらに、もち米とうるち粉を一緒についた後も検査にかけているそうです。葛尾村の山にある自然の葉はまだ使用できない状況が続いています。

震災前とつくり方が異なるのは、餅を乾燥させないことです。干す場所がないので、干す前の状態で真空パックにして販売しています。

私は「アルパインローズ」のメニューにごんぼっぱもちを使った料理を加えたいと思い、「レストランで使わせてください」と言ったら、としちゃんはとても喜んでくれました。それ

斎藤里内団地で、としちゃんにもてなされた。

から交流が始まったのです。

としちゃんのところには、ごんぼっぱもちを「懐かしい」と言う年配の人たちからの注文が多く入るそうです。浪江町から二本松の仮設住宅に避難中の九十歳のおばあさんからも、お正月用に、と大量の注文があったそうです。

アルパインローズでは、ごんぼっぱもちを小さく切り、ころもをつけて揚げ、ドーナツのようにデザートとして提供することにしました。すると早速、塩さんが「ごんぼっぱもち、やってるんだね」と言ってオーダーしてくれました。

としちゃんがつくる「生芋こんにゃく」も絶品です。芋の皮をきれいに剝いてつくられているので、きれいなピンク色をしています。古い農家は、皆手づくりでこんにゃくをつくっていました。とても手間が

青畑豆のきな粉をまぶしたごんぼっぱもち（手前）と、手づくりの生芋こんにゃく（奥）。

かかりますが、やわらかくて、独特の食感が魅力。こちらは「さしみこんにゃく」として、アルパインローズのメニューに加えました。

としちゃんたちは、葛尾村に帰りたくても、帰ることができません。娘や孫と一緒に生活する希望も叶わず、今はじっと我慢するしかありません。

注文していたごんぼっぱもちと生芋こんにゃくを受け取るため、三春町の仮設住宅、斎藤里内団地に行ったとき、としちゃんたちは、つきたてのごんぼっぱもちに青畑豆《あおばたまめ》のきな粉をまぶしたものと、つくりたてのこんにゃくのおさしみを用意して待っていてくれました。孫からの手紙や絵、たくさんの写真で部屋の壁がにぎやかに飾られていて、それだけでとしちゃんの気持ちが伝わってきます。こたつに入ってお互いに近況報告をしながら、いただきました。こんにゃくの味はおふくろがつくるものに似ていますが、としちゃんのこんにゃくのほうがなめらか。こんにゃくにきな粉と黒蜜をつけて食べるとさっぱりとしたデザートのようで新鮮に感じました。つきたてのごんぼっぱもちも、とてもおいしくて、食べすぎてしまいました。

「ごんぼっぱもちやこんにゃくをつくることだけが楽しみでね」と寂しさを吹き飛ばすように、としちゃんたちは笑いました。

仮設住宅などに避難中の村の人たちが集まって伝統食をつくり続けることが、心の支えにもなっているのです。私は、うどんとごんぼっぱもちをセットにしたメニューもアルパインローズで始めることにしました。としちゃんたちを少しでも応援したい気持ちでいっぱいです。

新会津伝統美食研究会

すいとん街道のイベントを通して知り合った、福島県農林水産部農産物流通課から委託されているイベント業者の方に、「新会津伝統美食研究会《しんあいづでんとうびしょく》」を一緒にやりませんか、と声をかけられました。

二〇一三年のNHK大河ドラマ「八重《やえ》の桜」は、福島県会津若松市《あいづわかまつ》が舞台になりました。同志社大学を設立した新島襄《にいじまじょう》の妻で、戊辰戦争にも参加した〝女傑〟新島八重の物語です。

江戸時代の華やかな商人文化の面影を残す会津は、言うまでもなく福島一の観光地で、温泉や多くの宿泊施設があります。しかしながら、震災後はほとんどお客さんが来なくなってしまいました。このドラマをきっかけに、福島を訪れる皆さんに新しい会津の食の魅力を伝えることで、会津全体を盛り上げていこうと企画されました。

会津が元気にならないと、福島も盛り上がりません。会津に来たお客さんが中通り、浜通りへも足を運んでくださるのが本来の流れです。会津でも、震災後の苦しい状況が続く中で町を活性化させようと頑張っている人たちがいる。その思いは私も同じです。福島に震災前の活気を取り戻すために、料理を通じて役に立てたらと思い、「新会津伝統美食研究会」に参加することを決めました。

この研究会は、福島県出身の料理人が〝アドバイザーシェフ〟を務め、新しい「会津伝統美食」を考案し、発信していきます。私はその一人として任命されました。他には「分とく山」総料理長の野崎洋光さん、「ＫＩＨＡＣＨＩ」レストラン総料理長の鈴木眞雄さん、「ラ・ブランシュ」代表の田代和久さん、「山際食彩工房」代表の山際博美さん、福島の食文化研究家で管理栄養士の平出美穂子さんという錚々たるメンバーが集まりました。

六人のシェフがそれぞれオリジナルレシピを考案していきます。

この活動は、私なりに会津の食の〝故きを温ねて、新しきを知る〟こととなりました。会津の食用のザリガニを使って今までにない会津料理をつくりたいとも考えたのですが、悲しいことに、会津の沼・湖・川に生息する魚やザリガニなどの多くは、放射性物質検査の結果、使用できなくなっていました。会津ならではの食材の中で使えるものを探しました。

会津産そばクレープ

二〇一二年十月十二日に行なわれた「新会津伝統美食研究会」の発足式で私が最初に披露したのが「会津産そばクレープ」です。会津といえば、おそばがおいしいことでも有名です。会津特産のそば粉でクレープをつくり、地ネギ、アスパラガス、キュウリなどの地元で採れる新鮮な野菜を細切りにして、えごま豚のバラスライスとともに巻きます。それにオイスターソース、だし、生クリームを使った特製ソースをつけていただく料理です。

そのあとも研究会は定期的に続きました。『八重の桜』にちなんだ料理として考えたのが「ヒメマス 八重の桜盛り」。会津の魚で唯一使える磐梯《ばんだい》マスを代用しましたが、時期によってさまざまな魚でつくれるようなレシピとして提案しました。磐梯マスのプリプリした食感と淡白な味わいを最大限に生かすため、会津産の高田梅を使ったソースを添え、ピンク色に染めて桜の花びらの形にカットした大根の上に魚を盛りつけるなど、彩り豊かな見た目の美しさも重視しました。

会津は山間部ということもあり、多くの保存食が代々受け継がれてきました。また、雪が多い地域で交通の便が悪いため、運びやすい乾物の豊かな食文化が花開いたのです。ニシンの頭と内臓をとって干した「身欠きニシン」や「干しタラ」を使った新しい料理も私は考えることにしました。

どうすれば会津の食材のよさを引き立てることができるのかを第一に考え、素材と向き合い、伝統的な調理法を調べた上で、いろいろなアレンジを思案するのは楽しい作業でした。会津の伝統料理については私も知らないことが多かったので、調理の仕方もふくめて一から学ぶことになりました。

特に「こづゆ」には新鮮な感動がありました。「こづゆ」は、もともとは武家料理で、現在でもお祝いの席や冠婚葬祭に供される料理です。干し貝柱のだし汁で里イモ、ニンジン、シイタケ、キクラゲ、糸こんにゃく、白玉麩《ふ》などを煮て、小さい朱塗りの椀に盛ります。「こづゆ」は温かいのが当たり前だと思っていましたが、会津の鶯宿亭飯寺《おうしゅくていいいでら》店が考案した「こづゆそば」は、こづゆを冷やしそばにするという斬新なもので、とてもおいしく、目から鱗が落ちました。

「新会津伝統美食研究会」に集うのは、会津に避難している人たちがほとんどでした。避難している人たち同士で励まし合う場にもなっていましたし、私がアドバイザーと知って、会いにきてくれる人もいました。会津の伝統食を介して、そのような再会が果たせたことをうれしく思いました。ふるさとへの思いは皆同じです。私にとっては会津伝統料理の素材と技に出会うだけでなく、復興に向けた志をもつ福島出身のシェフたちとのよい出会いの場にもなりました。ここで学んだことを料理人として今後生かしていきたいと思います。

「新会津伝統美食研究会」の活動は、会津の人たちに反響はありましたが、観光客を呼び込むには、もう一歩踏み込んだ行動を起こさねばなりませんでした。次の手段として、私たちアドバイザーシェフが会津のお店に行って、直接お客さんに料理をつくるイベントを二〇一三年夏に行ないました。これには多くの人が集まり、手ごたえを感じました。会津にとどまらず、〝福島中通りの伝統美食〟〝福島浜通りの伝統美食〟と広げていって、福島県全体を盛り上げていけたらと思っています。

最高の忘年会

震災の年に立ち上げた「ハーフタイム」と「アルパインローズ」。いろいろと紆余曲折はありましたが、なんとか二〇一三年も乗り切ることができました。

年末にはワールドカップ南アフリカ大会のスタッフたちが「アルパインローズ」で忘年会を開いてくれました。中国スーパーリーグ、杭州緑城の監督を退任された岡田武史さんがバス一台をチャーターして皆をここまで連れてきてくれたのです。前年、岡田さんが「俺が何とかするから来年は西さんのところで宴会をやろう」と言ってくれた約束を、ずっと覚えていてくださったことが何よりもうれしくて感激しました。岡田さんだけでなく、コーチの皆さんはJリーグの指導者として活躍されていますし、日本サッカー協会のスタッフの皆さんはワールドカップブラジル大会に向けた準備もあって、忙しい日々を送られています。その合間を縫って、広野に集結したのです。

伊勢エビや高級な牛肉などを差し入れていただき、この日は大いに盛り上がりました。私は早々に食事の準備を終え、後は宴会に参加して話に花を咲かせました。

気分が高揚してしまい、あんなにお酒を飲んだのは本当に久しぶりでした。お酒は大好きですが、震災以降、ゆっくり飲んだという記憶はほとんどありません。この日は心ゆくまで皆さんと盃を交わすことができました。

私は二次会でなぜか、泣いてしまいました。そんな私を、岡田さんが肩を叩いて励ましてくれて。それでまた、涙が出てしまいました。どうして涙が出たのかわかりません。これまでの道のりを思ってなのか、うれしさ余ってなのか……。そういったすべての感情が入り混じっていたのかもしれません。

皆さんが私のことを心配してくださっていることを肌身に感じて、もっともっと頑張らなければいけないんだ、と心に刻みました。皆さんが私に力を与えてくれました。

この日、〝特別ゲスト〟がやってきたことを記しておかなければなりません。香川県からバスを乗り継いで十五時間以上かけてきてここまでやってきた、高校一年生の佐藤くんです。私の活動に興味を持ってくれていて、将来はシェフを目指しているとのこと。最初に来たのは二〇一三年の夏休みです。そのときもバスを乗り継いで、やってきました。名入りの包丁二本とコック帽にシューズ持参で「働かせてください」と言って、数日間ボランティアで私の手伝いをしてくれました。

佐藤少年は岡田さんはじめ、皆に可愛がられていました。私のような者に誰かが関心を持ってくれるということに恐縮してしまいますが、多くの人の目に触れていることをより意識しなければならないのだとあらためて心に刻みました。

楽しい時間はあっという間に過ぎ去るものです。最高の夜、最高の忘年会でした。

二つのレストランの現状

二〇一四年、挑戦の年を迎えました。

日常の業務は前年に引き続き、朝は「ハーフタイム」で東電のボランティアの皆さんへの朝食の提供から仕事が始まり、弁当業務、「ハーフタイム」「アルパインローズ」のランチと続いていきます。そして二つのレストランは夜の営業もしています。

現在の私の一日のタイムスケジュールはこのような感じです。

朝食業務を私一人で行なうときは朝四時に、二人のときは五時に「ハーフタイム」に来ます。一人だと開店準備をするにしても時間が二倍かかります。まずコーヒーやお茶を用意したり、各テーブルに醬油を置くなどしたあと、厨房で味噌汁や目玉焼きなどをつくり、フルーツやお新香も準備します。五時五十分頃からお客さんが来はじめます。そのあとはお皿洗いです。それが八時半ぐらいまでかかってしまいます。

ひと息ついて九時から弁当の準備を始めます。十一時までにつくり終えて、十一時半には配達、弁当づくりと同時にランチビュッフェを用意して十一時頃からランチのお客さんが来ます。午後二時過ぎにひと区切り。午後三時半にフクニの機動隊に弁当を配達。仕入れはスタッフに任せるようにしているので、何もなければソファで仮眠を取ってから夕方五時頃起きて夜の営業の仕込みに入ります。五時半頃からお客さんが来て、午後六時には警察と消防に弁当を配達、夜十時頃閉店です。そのあと翌日の献立を考えたり、売り上げ、仕入れの計算などをします。すべての業務が片づくのはいつも深夜になります。缶ビールを一本飲んで、三、四時間ほど寝るという一日のサイクルです。お客さんが多いわけではないのですが、何とかやっている状況だと言えます。昼の弁当は相変わらず好調で、業者の方ばかりでなく、官公庁などにも届けています。妻の営業努力が実った形です。

二〇一三年夏に、強力な助っ人がDREAM24に加わりました。震災前、Jヴィレッジで一緒に働いていた管理栄養士の武田さんです。武田さんはいわきに避難したのち、子育てが一段落したところで来てくれることになったのです。「アルパインローズ」をオープンする時にも手伝ってくれました。

武田さんのアドバイスをメニューに反映しています。毎日同じメニューだと飽きてしまうので変えていかなければなりません。肉はチキンに偏らないように、ビタミンB_1が豊富なポークやビーフに変えています。節分のときは恵方巻きをつくるなど、行事にあわせて工夫するようにもしています。お客さんからリクエストを受けることもあり、食べたいパスタの希望を言われたら、すぐ応えられるようにしています。

一度、お正月にたまたまつくった「チャーハンとから揚げ弁当」が好評で、「また食べたいから通常メニューに入れてほしい」とお客さんに言われて、弁当のメニューに「チャーハンから揚げ弁当」を加えました。通常の弁当のほかにつくることになりますし、店のメニューも「今日は鍋やきうどんを出します」などと私の思いつきで急にもう一品つくることもあるので、スタッフは大変なのですが。

武田さんが戻ってきてくれたことで、震災前のJヴィレッジでのメニューづくりの体制を取り戻すことができました。将来的には、彼女にもっと活躍してもらえるような環境にしていきたいと思っています。

私はJヴィレッジ内の「ハーフタイム」中心の生活になっていますが、二ツ沼総合公園の「アルパインローズ」にも行かなければなりません。一日に数回往復します。震災後から休業していた公園内のパークゴルフ場が全ての芝を天然芝に張り替えて、除染作業の終了にともない、二〇一三年十一月四日に再オープンしました。震災後は、近隣の地域でもパークゴルフができる場所がなかったので、再開を待ち望んでいた人が多かったのです。オープン初日は町内外から一九九人が集まり、久しぶりのパークゴルフを楽しみました。一汗かいたお客さんがアルパインローズにも足を運んでくれるので、ランチ業務が一気に忙しくなっていきました。

二〇一三年の年末は忘年会シーズンだったこともあり、昼だけでなく夜も大忙しでした。十二月二十六日の営業最終日は、オープン以来、はじめて一三〇人のお客さんが入り、満卓になりました。猫の手も借りたいほどの忙しさでしたが、目指していた「活気あるレストラン」

「アルパインローズ」に飾られている、ロンドンオリンピック日本代表選手たちにいただいたユニフォーム。

の姿がそこにあったような思いがしています。

しかしこの状況が続いているわけではありません。「アルパインローズ」のスタッフは五人いますが、夜のお客さんは平均して二、三〇人ほど。広野の住民の皆さんが避難先から戻ったとはいえない状況ということもあります。たくさんのお客さんが来てくれる日もありますが、恒常化は難しいと言えます。それでもお客さんが一三〇人来る想定でスタッフを集めています。

二つのレストランを合わせて、約二〇名のスタッフはよくやってくれています。坂本さん、川崎さんをはじめ調理に回っているスタッフは私の味つけを受け継いでくれていますし、接客のスタッフは、お客さんと積極的にコミュニケーションをとって明るいお店をつくってくれています。地元のお客さんと話しながら楽しんで仕事をしているこことがスタッフの姿から伝わります。スタッフのなかには八十歳近い方もいますが、とてもパワフルです。パートの人たちも責任感を強くもって仕事してくれているので、将来的には社員として働いてもらって、安定した収入と将来の保障をしなくてはいけないなと考えています。

妻は変わらずいつもフォローしてくれています。来なくていいと言っても、朝の業務のため、五時に一緒に来てくれることが多く、休む時間がないことを申し訳なく思っています。スタッフ一人ひとりに気を配る妻がいなかったら、店も続けていくことはできません。私が日本代表の海外遠征に帯同して不在のときには特に大変な苦労をかけています。「最初の三ヶ月だけ」の約束どころではなくなってしまいました。しかし家族に頼らないとやっていけないのが現実です。家族、スタッフで力をあわせて、前に進んでいくしかありません。

新しい広野へ

フクイチが事故を起こして以来、放射能汚染と向き合う日々を送ってきました。それは今なお続いています。

正直なところ、原発事故の問題は何十年かかっても終わらないのではないかと思います。私に幼い子どもがいれば、広野町ではなく、きっと別の場所で暮らしていたにちがいありません。

3番〜5番ピッチは駐車場のまま。

ただ、原発事故の収束に向けて、作業員の方々は、危険と隣合わせの中で、本当によく頑張っています。フクイチでは、二〇一四年三月時点で四千人もの人が作業にあたっています。ボランティアの方々にも、頭が下がるばかりです。誰かがやらなくては、収束には向かっていきません。

そして、原発事故による被害を受けた住民の中にも、故郷に活気を取り戻したいと頑張っている人が大勢います。地元に戻ってきた農家の皆さんもおいしい野菜をつくろうと汗を流しています。

そういう人たちの頑張りに比べたら私の活動などは小さいものですが、人々の輪が少しずつ広がっていけば、町に希望の光が差し込むのではないかと考えています。

広野町に少しずつ住民の方々が戻ってきているという実感はあります。町の社会福祉協議会から頼まれて昨年からお正月のおせち料理をつくっていますが、二〇一四年は一四三人分を用意しました。二〇一三年が九〇人だったので、五〇人ほど増えているのです。おせち料理は、七十歳以上のおじいさん、おばあさんがいる家族と、一人暮らしのお年寄りに届けます。仮設住宅から自宅に戻った人が増えていることがわかります。

おせち料理づくりは、大変な作業です。今回も、数人のボランティアの方が手伝いに来てくれて助かりました。二〇一三年の年末に出来上がったおせち料理を最初に届けたのは、いわき市の仮設住宅に避難中の鈴木コウさんです。コウさんは、震災前は楢葉町で酒屋を営んでいました。寝たきりのおじいさんの介護をしながら、酒屋の店番をして、配達をし、その合間に原付に乗ってJヴィレッジのレストランによく食事に来てくれた、元気なおばあちゃんです。

震災後、私が東京に避難していたとき、『サムライブルーの料理人――サッカー日本代表専属シェフの戦い』を読んだコウさんが、版元の白水社に葉書を送ってくださいました。消印は二〇一一年六月七日でした。

前略にて失礼いたします。

六月三日付の毎日新聞朝刊を見た娘が「西芳照さんが本を出してるよ」と教えてくれました。

「えー?」と驚きやら感激やらで胸がいっぱいになりました。

芳照さんとはJヴィレッジ創設以来の長いお付き合いです。尊敬と親しみを込めて、一生涯に五〇〇回を目標にお食事のレシートを大切にしてきました。

でも今はもう諦めの境地です。

芳照さんが東京のどこかでバイキングをなさっておられたら、娘たちと飛んで行ってみたいな、なんて夢を抱いております。

草々

アルパインローズのバイキングを日々の楽しみにしてくださっていたコウさん。葉書を転送してもらってコウさんが東京の親戚の家に避難中であると知った私は、すぐに会いに行きました。

その後、コウさんはいわき市の仮設住宅に移り、交流は続いています。私がJヴィレッジに「ハーフタイム」をオープンしてから、何度も食事をしに来てくれました。

「アルパインローズ」をオープンしたあと、コウさんに「また酒屋を再開してもらえないかな」と訊ねてみました。震災前の生活に戻った元気なコウさんに会いたいと思いましたし、コウさんのお店でお酒を買いたかったからです。先代から続くコウさんの酒屋の助けになりたいと思いました。しかしながら、それは叶わず、コウさんの酒屋は廃業することになりました。

二〇一二年八月十一日に行なわれた広野町復興記念花火大会にもコウさんは足を運んでくれました。そのあとにいただいた葉書には「お好み焼きやとうもろこしや枝豆など、初ものばかりいただいて……生きているって、こんなに楽しい、うれしい、そして有難い、言葉では言い

2013年末につくったおせち料理。ひとつずつ盛り付けの確認をしていく。

きれない程のご恩をいただいてしまいました」と書かれていました。そんなふうに思っていただけることが、何よりもの励みになります。

広野町に戻ってきた人は千人を超えました。復興業務にあたる人たちが住民票を広野に移すようになると、もっと増えていくことでしょう。

地域に残った人、戻ってきた人で支えあっていくしかありません。

広野駅の東側では復興のシンボル事業として開発工事が進められています。七・六ヘクタールの土地を、企業ゾーン、研究ゾーン、商業ゾーン、居住ゾーン、公共ゾーンに分けて土地利用を図るそうです。大型スーパーやホテル、団地や中・高一貫校の設立など、住民が戻る環境を整えて、さらに多くの人を呼び込もうとする計画が進んでいるとのことです。原子炉を廃炉にするための研究施設を誘致しているという話も聞いています。通行止めになっていた常磐自動車道の広野〜常磐富岡間が二〇一四年二月二十二日、約三年ぶりに再開通しました。JR常磐線も、全線開通に向けて復旧工事が進んでいます。震災から三年が過ぎ、これまでは遅く感じていた町の変化が、一気にスピードアップしそうな気配が漂っています。

そのうねりに私たちも巻き込まれていくことになるのかもしれません。駅がにぎわってくれば、店の経営はまた厳しくなるかもしれませんし、それに原発事故の問題が収束に向かうにつれて、Jヴィレッジに入っている東電も徐々に撤退していくでしょう。

どんな動きがあったとしても、Jヴィレッジで以前のようにサッカーができるようになるまで、またそれから後も、ここで頑張るつもりでいます。町が激変していくにあたっても、自分たちの足下をしっかりと見て、塩さんたちと連携して活動を続けながら、復興が進んでいく町を照らすような存在の店でありたいと思っています。

人間万事塞翁が馬。良いことと悪いことは、繰り返すものです。これから何があっても、常に上を向いて、新しいことをやっていかないことには未来はひらけないと肝に銘じています。

二〇一三年十二月十七日、広野町役場近くの「ミカンの丘」で三年ぶりにミカン狩りが行なわれました。原発事故後、県が出荷自粛を要請していましたが、ようやく解除されたのです。「ミカンの丘」には、たわわに実ったミカンが輝きを放っていました。ミカン狩りには約五〇人の町民が参加したそうです。甘酸っぱくておいしい広野の温州ミカンを使った新しいメニューを考えたいと思っています。

Jヴィレッジの将来

Jヴィレッジがサッカーのトレーニング施設として復活するのは、遠い将来だと思っていました。原発事故の根深さがあり、ピッチに砂利が敷かれて駐車場となり一変した姿を目にすれば、きっと誰でもそう思うにちがいありません。東京電力はグラウンドを原状回復した上で、Jヴィレッジを東電に貸し出している「株式会社日本フットボールヴィレッジ」に返却する意向を示したとはいえ、「将来的」というだけで「いつ」なのかは見えていませんでした。

しかしサッカーファミリーの皆さんのJヴィレッジに対する思い入れはとても強いものでした。二〇一三年七月十一日、日本サッカー協会がJヴィレッジ内で理事会を開催し、「Jヴィレッジ復興サポートプロジェクト」(仮称)の設立を決定したのです。それは日本サッカー協会の強い意思と受け取ることができました。

この理事会について日本サッカー協会のホームページではこのように報告しています。

JFAは本日、Jヴィレッジで理事会を開催してJヴィレッジの現状を把握。プロジェクトを設置し、サッカー界全体でJヴィレッジの機能回復に向けて取り組むことを確認しました。今後は、株式会社日本フットボールヴィレッジ(Jヴィレッジ)代表取締役副社長に就任した上田栄治JFA理事(女子委員長)をサポートする体制を整え、JFA・

2014年1月の1番ピッチ。ヘリ発着場として使われていたが、3月には除草・除染が終了。芝の種をまく準備が始まった。

Jヴィレッジ間で情報を共有、また、関係各所と連携を図りながら一日も早くJヴィレッジを利用できる状態に戻すことに努めてまいります。

そして大仁邦彌会長のコメントもありました。

Jヴィレッジは、日本が世界に誇るナショナルトレーニングセンターであり、また、JFAアカデミー福島の拠点として日本のサッカーの発展、そして地域のスポーツ振興にも寄与してきた。今回、Jヴィレッジを視察し、この施設を一刻も早く復旧させるという決意を新たにした。福島県、東京電力、地元自治体と協力しながら全力を尽くしたい。

復旧に向けて強いリーダーシップを発揮しているのが大仁会長です。以前、Jヴィレッジの代表取締役副社長を務めていた大仁会長は、Jヴィレッジをとても大切に思ってくれています。だからこそ再オープンに向けての踏み込んだ発言が出てきたのではないでしょうか。新体制が整えられ、女子委員長としてなでしこジャパンの強化に尽力されている上田栄治理事を副社長に迎え、そして公私ともにお世話になってきた小野俊介さんが取締役統括部長として、Jヴィレッジの〝復活〟に向けて全面的にかかわるようになりました。心強い布陣であり、何より大仁会長の本気度が伝わってきます。

大仁会長は、二〇二〇年に開催される東京オリンピックの合宿拠点にしたいという目標も語っていました。

そして、東京電力は二〇一八年を目処にJヴィレッジを返却し、施設の使用再開を目指して動き出していることが明らかになりました。

少しずつJヴィレッジの姿には変化が見られます。Jヴィレッジで行なわれていた人体と車両の放射線量の検査と除染設備が、二〇一三年六月末にはフクイチに完全に移行されました。雨天練習場やテニスコートに山のように積んであった廃棄物も片付けられました。

十一面ある天然芝グラウンドのうち、芝が残っているのは一番ピッチと二番ピッチの二面だけ。それも整備されていないので、のび放題になっていました。その一番ピッチと二番ピッチの除草と除染が、二〇一四年三月に終わったのです。芝の種をまいてから使用できるようにな

スタジアムに2011年9月につくられた作業員のための仮設の単身寮は1000室に及ぶ。スタジアムの時計は今でもあの日のまま。

るまでに二年ほどかかると見られているだけにまだまだスタートしたばかりですが、大きな一歩だと思っています。スタジアム近くにあるアカデミーの寮の除染も二〇一四年二月に終わりました。いまなおスタジアムにある時計は二時四十六分で止まったままでも、私の心の中では針が動き始めたように感じています。

楢葉町そして広野町はやはりサッカーの町です。常磐自動車道では、広野町の表示にサッカーボールが使われています。震災後、車で東京から広野町に戻るとき、そのマークを見るたびに少し寂しい気持ちになりました。でもいずれ、ここにサッカーが戻ってくると思えるだけで、力がみなぎってきます。

原発問題を抱え、住民の皆さんが戻って来られない状況は十分に理解しています。ただ、一日でもいい、二日でもいい。ここでサッカーをするために人が集まることが、町の再生につながっていくのだと信じています。

Jヴィレッジの復活は、復興のシンボルになります。残された時間はそう長くはありません。微力ながら私もそのお手伝いをしていきたい、と考えています。

ワールドカップブラジル大会に向けて

二〇一四年、サムライブルーことサッカー日本代表は、ワールドカップブラジル大会を迎えます。

本大会で日本代表はグループCに入りました。六月十四日に行なわれる初戦の相手はアフリカの強国コートジボワールです。コンフェデレーションズカップでイタリア戦の舞台ともなったブラジルのレシフェで対戦することになりました。

二戦目は欧州のギリシャ。守備の堅いチームだという評判です。六月十九日、場所はレシフェに程近いナタールです。そしてグループリーグ最終戦はシード国のコロンビアと対戦します。六月二十四日、ブラジル中央部の都市クイアバです。

いずれも蒸し暑い気候の場所での開催になります。ワールドカップ南アフリカ大会のときは、高地対策が鍵となりましたが、今回は暑さ対策が重要です。選手たちがスタミナ切れにならないような食事を考えなくてはなりません。コンフェデで現地の蒸し暑さを経験して、環境としては南アフリカ大会よりも厳しいと感じました。「暑熱対策はしっかりやって、コンディションさえ整えて臨めば、選手は十分にやれる」とザッケローニ監督もコメントしていました。

第二章で詳しく書きましたが、ポイントとなるのは、疲労回復を早める効果があり、ザッケローニ監督が重視している「ω3脂肪酸」です。より効果的に取り入れられるように、食材やメニューを研究して、念入りに準備を進めています。

さらに、日本サッカー協会のコンディショニングコーチの早川直樹さんからは、食事について大きく二つの要望がありました。一つめは、大量の発汗で失われる水分とミネラルの補給です。暑さによって大量に汗をかくことで体内の水分とミネラルが失われ、心身の疲労とストレスが高まることが予想されます。特にマグネシウムとカルシウムは脚の痙攣を防止するためにも重要となります。また、毎回の食事で鉄分を多く摂取できるようにすることも考えなければなりません。

二つめは、摂取しても体内にとどまることができないビタミンBとCをこまめに摂取し、体内が満タンになるようにすることと、サプリメントにふくまれないビタミンA、E、Dを食事から摂取するよう留意することです。これらのビタミンは、暑さの中での長時間の激しい運動による疲労を回復しようとして、大量に消費されてしまいます。食事によって常に摂取できるように気を配らないといけません。

メディカルスタッフたちと、これからさらに具体的に打ち合わせをし、これらの条件を満たす、より効果的な食材を使ったメニューを考えていきます。

「アルパインローズ」の入り口に飾られている、ザッケローニ監督のサイン入りポスター。

暑さの中で、選手たちの食欲を維持することも大切です。夏に食欲が落ちた時、何を食べているか考えてみると、日本では冷麦や素麺を食べることが多くなります。冷たいものを食べ過ぎると体調不良の原因になるので注意が必要ですが、そういったものも持参しようと思います。

また、暑い地域ならではのメニューもヒントになると思っています。二〇〇七年にベトナムなど東南アジア四カ国で開催されたアジアカップに帯同しましたが、厳しい暑さの中でもベトナムの人たちはフォーを食べて元気に過ごしているのです。その土地によって暑さ対策になる料理があるといえるでしょう。暑いときにこそ、香辛料の入った温かい料理を食べて乗り切ることは、これまでの経験から言っても有効だと思います。ブラジルでは、現地の人が食べているものを見ると、豚肉のフェジョンなどがスタミナメニューと言えるかもしれません。

私自身にとっても、レシフェで経験した厨房の異常な蒸し暑さは大きな問題となります。私もそこで戦えるだけの体調を整えていかなくてはなりません。ポルトガル語の勉強もしておかなくてはなりませんね。

日本が拠点を置くベースキャンプ地はサンパウロから約一〇〇キロ北西の小都市イトゥに決まりました。このベースキャンプというのはワールドカップを戦うにあたり極めて重要です。

南アフリカ大会ではよい結果につながった要因の一つにジョージのベースキャンプ地を挙げる人もいます。岡田監督は、総ガラス張りで窓の外に緑豊かな景色の広がる部屋を食事会場にしてリラックスできるようにしたり、選手たちの目の前で肉を焼くようなライブクッキングができるよう手配をしたりと食事会場の設備面もふくめた雰囲気づくりにまでこだわっていました。その大切さは、私も実感を持てました。

ザッケローニ監督、そして日本サッカー協会のスタッフは、そういったところもふくめてイトゥの環境を選んだのではないでしょうか。

グループリーグでは、試合が終わるたびにベースキャンプ地に戻らないといけません。イトゥはグループリーグの各試合会場よりは過ごしやすいようです。常に暑いところだと体力的には厳しくなるので、ベースキャンプ地がそれほど暑くない町というのは助かります。イトゥには日本代表のオフィシャルスポンサーであるキリンの工場もあり、日本人が多く暮らしているので、日本食の食材も調達しやすいと聞きました。

持ち込む食材については、日本サッカー協会代表チーム総務の津村さんと綿密な打ち合わせを繰り返しています。コンフェデのときには入手できなかった青魚なども現地で調達できるようにしたいと思います。また、選手たちの緊張感をほぐし、リラックスして試合に臨めるようにするには、食べ慣れた和食が欠かせません。銀ダラの西京焼きは常に人気で、長友佑都選手は一度に一〇切れ食べることもあります。納豆も相変わらず選手たちに大人気。一回の食事で二十五個も消費します。これまでは十五個ぐらいが平均だったので、明らかに「納豆ファン」は増えています。ペペロンチーノの上に納豆をかけて食べている選手を見て、他の選手たちが真似をしたせいとも考えられますが。

食欲を維持するために選手たちが好きな料理を取り入れることはもちろん、チームの雰囲気を盛り上げていけるような食事をつくっていきたいと思います。

ワールドカップは二度経験しましたが、「ＤＲＥＡＭ24」の西としては、はじめてのワールドカップ。最高のスタッフとともに新しい挑戦に向かいます。

十年にわたるこれまでの海外遠征のすべての経験をフルに生かして、選手たちがベストコンディションで最高のプレイができるように、全力を尽くしたいと思います。

夢を抱きながら

二〇一四年一月五日。

発揮人の小笠原満男選手たちが中心になって活動している「東北人魂を持つJ選手の会」によるサッカーイベント「東北人魂キッズフェスティバル2014in広野」が行なわれました。会場は、広野小学校の隣にある広野町多目的運動場です。選手たちは仙台からバスで朝六時半に出発して、Jヴィレッジをはじめ、富岡町など、被災地を視察してから来てくれました。被災地の現状に目を向けてくださって、本当にありがたいと思います。

イベントには、いわきに避難している広野町の小中学生と、いわき市の小中学生、女子をふくめた六十五名が参加し、大変なにぎわいを見せました。小笠原選手や青森県出身の柴崎岳選手（鹿島アントラーズ）、福島県いわき市出身の高萩洋次郎選手（サンフレッチェ広島）ら十二人の東北人選手が集まってくれました。高萩選手は中学生の頃、Jヴィレッジのサッカースクールに通っていました。

イベントに参加させていただいた私は、とても寒い日だったので、少しでも温まってほしいと思い、「マミーすいとん」を二〇〇人分用意しました。広野のネギやニンジン、ゴボウなどたっぷりの野菜が入っています。そして、選手用には特別に「すっぽん入りマミーすいとん」もつくりました。南相馬市小高区ではすっぽんの養殖が盛んで、特産品の一つになっています。すっぽんは、ω3脂肪酸やビタミンA、ビタミンB_1、鉄分、カルシウムに富み、疲労回復、滋養強壮の効果があるとされています。震災により、すっぽんの養殖業者も避難を余儀なくされました。私はこの日のために東京ですっぽんを仕入れてさばいたのです。さらに鮭と昆布のおにぎり六〇〇個を握って持参しました。

会場ですいとんをつくり始めると、小笠原選手が来てくれて、「僕がつくったすいとん、おいしいですよ」と皆に振る舞ってくれたのです。子どもたちや保護者の方々も「えっ、いいの？」と驚きつつ、喜んで並んでくれました。

「東北人魂」の選手の皆さんは貴重なオフにもかかわらず、被災地を回ってサッカーイベントを行なっています。広野の子どもたちのためにここまで来てくださり、寒い中でも終始笑顔で子どもたちと接してくれて、感謝してもしきれないほどの気持ちです。

二〇一三年二月に小笠原選手たちが広野中学校に行ったときに会った子どもたち。「この子たちとふれ合いたい」という小笠原選手の思いが実現しました。広野町に戻ってきている子どもたちが少ない中で、こうして選手の皆さんが来てくださることは、子どもたちと町全体の希望になります。

広野町には震災以降、なでしこジャパンの佐々木則夫監督が来てくださったことがありましたが、現役のプロサッカー選手がこのようにイベントを開いてくれたのははじめてのことです。子どもたちは選手の皆さんとミニゲームをしたり、PKをしたり、時には選手に手とり足とり教えてもらって、とてもうれしそうです。子どもたちを見ていると、目を輝かせるというのはこういうことを言うんだなと実感します。サッカーが持っている力というものを、あらためて思い知らされました。

私はこの光景を眺めながら、広野の町にサッカーが戻ってきた喜びをかみしめていました。目を閉じれば、ボールを蹴る音、ドリブルする音、守備でガツっとぶつかる音、指示する声や笑い声、逆にため息やミスをしたときの「アーッ」という嘆き声……懐かしい音でした。懐かしい光景でした。そして何より素晴らしく、心が温かくなる、この町に取り戻したい光景でした。私の心の中は、自然と熱くなっていきました。

見上げると、新春の広野の空は、気持ちよく晴れわたっていました。吸い込まれてしまいそうな、美しい空でした。自然に溢れ、のどかな風景は、心を落ち着かせます。

空が広くて、星がきれいな町。

いつからこの町をこんなに愛おしく思うようになったのだろう。

澄みきった青い空に見守られ、元気よく走りまわっている子どもたち。気がつくと、選手の皆さんが子どもたち一人ひとりに握手をし、声をかけています。そしてイベント終了のアナウンスがありました。

「すいとん、くださーい！」

子どもたちが大きな足音をたてて勢いよく走ってきます。

「わあ、温かい！」と、頬をほくほくさせながら食べる笑顔が並んでいました。

最高の、とびっきりの笑顔でした。

サッカーというスポーツは一人ではできません。皆で集まって、皆で協力して、皆で一つになって行なうスポーツ。「絆」を大切にする、素晴らしいスポーツです。

いずれこの町にサッカーが戻り、いっぱいの笑顔に触れられる日々がきっと訪れることを、私は信じています。

支えてくださっている方々に感謝しながら、しっかりと自分の足下を見て、家族やスタッフ、サッカーファミリーの皆さん、そして地域の人たちとともに一歩ずつ前へ進んでいきたい。

そのときまで――。

終わりに

「東北人魂キッズフェスティバル2014in広野」が開催された翌日、参加した子どもたちの保護者の方々から町役場に御礼の電話やメールがたくさん届いたそうです。「新学期から広野町に戻ろうと思います」という声もあったと聞き、大変にうれしく思いました。町の人たちの心に変化をもたらした、東北人魂の方々にあらためて心から感謝いたします。

イベント会場には鈴木コウさんも足を運んでくれました。現在八十八歳ですが、お元気そうな姿に私も元気をもらいました。コウさんに召し上がっていただいた「マミーすいとん」は、コウさんと私をつないだ味の一つです。コウさんは「芳照ちゃん、がんばってね」と言っていつも励ましてくださいます。コウさんが頑張っているのですから、私も負けるわけにはいきません。

あの東日本大震災から三年が経ちました。あっという間に時が過ぎ去っていったような感じがしています。それくらい一日一日が必死でした。

もし、震災がなかったら……。

ふとそう思うことがあります。どこかに自分の店を出していたかもしれませんが、それは今とはまったくちがう店だったと思います。

震災が起こり、原発事故があった後、私はJヴィレッジに戻る決断をしました。先の見通しが立たずに、日々うまくいかないことのほうが多いのは確かですが、自分の選択を後悔したことは一度もありません。

故郷に戻り、レストラン「ハーフタイム」と「アルパインローズ」をオープンしたことで、原発事故の収束作業にあたる方や地元の農家の方など、多くの方々に出会い、さまざまな思いに触れました。料理を通して何らかのかたちで故郷の復興の役に立ちたいという思いでこれまでやってきました。

原発事故によって、多くの人々が故郷を離れることを余儀なくされ、福島の伝統料理を受け継ぐことが難しくなった状況下において、伝統料理の素材と技、受け継いできた人たちの精神に出会えたことは、料理人として貴重な経験でした。被災者同士の心と心がつながっていく料理の素晴らしさも目のあたりにしました。

私は決して立派な人間ではありません。これまで、どこかで震災や台風による被害などがあっても、自分で何か行動を起こしたことはありませんでした。ボランティアに関しても、無関心でした。しかし、自分が被災して、助けようとしてくれる人の優しさを受けて、そのありがたみを身にしみて感じることとなりました。

私は会社を立ち上げてスタッフを預かっている以上、営利を求めなければなりません。「福島のため」と語ったところで、それが無償の愛ではないことは事実です。自分のため、スタッフのためにも事業として成立させなければなりませんし、きれいごとだけでは進んではいけません。

しかし私の活動を知って、応援してくれる人もいます。二〇一三年十一月四日には、サッカー日本代表サポーター「ちょんまげ隊」の隊長ツンさんが中心となり企画された被災地を巡るバスツアーに〈サムライブルーディナー〉が組み込まれ、ブラインドサッカー日本代表キャプテンの落合啓士選手や日本中のサッカーファン七〇名を連れて「アルパインローズ」に来店してくれました。店が日本代表のユニフォームを着たサッカーファンでいっぱいになり、歓声に包まれ、胸にこみ上げてくるものがありました。サッカーファミリーの絆の強さを心の底から感じました。

別の日には、サッカーファンの幡野《はたの》さんが、神戸、茨城、東京などからサッカーファンを集めて被災地を視察したあと「アルパインローズ」に寄ってくださり、私も日本代表のユニフォームを来て熱い時間を過ごしました。翌日は、参加者からボランティアで店を手伝いたいという申し出まであり、感謝の念でいっぱいです。そのあとも、サポーターの方々は度々店を訪れ、元気づけてくださいます。こうして福島に気持ちを向けてくださることが、何よりの力になります。

本文で紹介した佐藤少年もそうですが、お手紙や激励の言葉を多数いただきました。ボランティアで集まってくれる人も多くいます。彼らは宿泊場所も自分で探します。本物の「無償の愛」で、危険も顧みずここまで来てくれるのです。人の心の痛みやつらさをわかろうとしてくれている人がこんなにもたくさん存在するということ。そういった人々の思いに触れることで、私も刺激を受けてきました。そのような人たちの行動に比べたら、私がやっていることなんて、ちっぽけなことです。

原発の問題が収束せず、多様な情報が飛び交い、さまざまな考え方があるなかで、どんな行動が正解なのかはわかりません。私も迷いながらここまで進んできましたし、吹っ切れたわけでも、答えが見つかったわけでもありません。悩みが深まった部分もあります。

逆に、迷いながら、答えを探している今だからこそ、伝えられるものがあるのではないかと思えるようになりました。この本によって、少しでも福島に目を向け、関心をもっていただけたら、という思いで、震災以降の自分の足跡をまとめてみようと思いました。私のことよりもむしろ、命を張って頑張っている原発作業員の方々、ボランティアの方々、町で支え合っている人たち、サッカーファミリー、家族やスタッフなど、福島で頑張っている人たちや、私を支えてくれている多くの人たちに目を向けていただければ、と心から願っています。

福島第一原発の問題を抱えながら、私たちはこれからも生活していかなければなりません。長期的に見た放射能による人体への影響を不安に思うだけでなく、原発事故後の情報の遅れや、国や東電の対応に不信感を抱いている町の人たちが多いことも事実です。町に戻る決断ができずにいる人の気持ちも理解できます。

最近は汚染水の問題が大きく報じられていますが、まずは正確な情報がすばやく伝わらないと、私たちは何も判断することができません。一日も早くその態勢が整うことを願ってやみません。

福島は戦後、原発とともに発展してきました。今回の原発事故で故郷の様子は一変しました。福島第一原発を廃炉にすることは決まっています。これからの福島のあるべき姿を今こそ考えていかねばなりません。原発事故を経験した県民として、次世代のエネルギー政策について、根本的に議論することが必要なのではないでしょうか。そういったことを踏まえ、町の人たち皆で、福島の未来をどうしていきたいのかを考えていけるようになればいいと私は考えています。

代々受け継がれてきた愛するこの福島の地で、私なりにさらに新しい挑戦を続けていくつもりです。料理人として、人間としての修業は続きます。

本書のために、多くの方々にご協力をいただきました。お忙しい中、快く取材に応じてくださった小笠原満男選手、今野泰幸選手、小野俊介さん、津村尚樹さん、塩史子さん、永沢利子さんに深く感謝申し上げます。そして雨の日も風の日も福島に通ってくれた二宮寿朗さんと白水社編集部の杉本貴美代さんに心より感謝申し上げます。

震災後も、私のわがままに応えながら、ここで一緒に働いてくれるスタッフ、そして妻の香に心からありがとうと伝えたい。福島の明るい未来を信じて、ともに力を合わせて頑張っていきましょう。

二〇一四年四月

アルパインローズのつぼみがふくらむJヴィレッジにて

西芳照

巻末付録

西流最強レシピ……………………………………………福島郷土料理篇

西流最強レシピ

しそ巻き

ピリ辛の味噌が絶品！ 東北を代表する保存食。
食欲がないときの、ごはんの お供に！

材料（15 個分）

- 大葉……15 枚
- 鷹の爪……2g（6 本）
- A
  - 味噌……60g
  - 砂糖……25g
  - 酒……10cc
- サラダ油……小さじ 1

つくり方

1 大葉5枚は縦に切ってから、せん切りにする。
2 鷹の爪は、種を除いてみじん切りにする。
（鷹の爪をぬるま湯に30分ほどつけると刻みやすくなる）
3 フライパンにサラダ油小さじ 1/2 を入れて弱火で熱する。
4 **3** に **2** を入れ、香りがたつまで炒める。
5 **4** に **1** を投入し、しんなりするまで炒める。
6 **5** に A を入れ、少し固くなるまで炒めたら、フライパンから取り出す。
7 残りの大葉を裏返し、一枚ずつ縦に広げ、手前に **6** の味噌を横長にのせ、クルクルっと巻く。
8 フライパンにサラダ油小さじ 1/2 を熱し、**7** を入れて、弱火で両面をきれいに焼いたらできあがり！

甘い味噌よりもしょっぱい味噌のほうが合います。
砂糖の量は、味噌の塩加減で調整してください。
夏は、鷹の爪の代わりに青唐辛子を使うとピリッとして最高です。
お茶うけやお酒のおつまみ、お弁当にもピッタリ。

ほうれんそうのじゅうねん和え

「じゅうねん」とは、荏胡麻《えごま》のこと。
食べると10年長生きすると言われる、
オメガ3たっぷりの健康食材！

材料（2人分）
- ◆ほうれんそう……100 g
- ◆じゅうねん……20g
- ◆醤油……小さじ1と1/2
- ◆砂糖……小さじ2

じゅうねん
（黒種と白種がありますが、黒種のほうが含油量が多くておいしい。）

つくり方

1 ほうれんそうは根元を切り落とす。
2 鍋に湯を沸かし、塩少々（分量外）を加え、1を入れて色よくゆで、冷水にとって水けを絞る。
3 1を3cm幅に切る。
4 フライパンを弱火にかけ、じゅうねんを煎る。煎りすぎると苦くなるので、2粒ジャンプしたら火をとめる。
5 すり鉢に4を入れ、すりこぎで粒がなくなるまでする。粉々にはしないように。
6 ボウルに5と砂糖を入れて混ぜてから、醤油を加え、ほうれんそうと和えたらできあがり！
香ばしくて、プチプチした食感がやみつきに。

☞ 春菊、はくさい、餅に和えてもGood.

玉ちゃん餃子

広野町生まれの、しっとりジューシー、さっぱり味の焼き餃子。
豚ひき肉と玉ネギで一気に疲労回復！

材料（15個分）

- 豚ひき肉……100g
- 白菜……50g
- 玉ネギ……1個
- サラダ油……大さじ1
- 大葉……5枚
- A
  - こしょう……少々
  - しょうが……大さじ2
  - 味噌……大さじ1
- 餃子の皮……15枚
- 餃子のタレ：醤油、酢、ラー油

つくり方

1 玉ネギをみじん切りにし、フライパンにサラダ油を熱して炒め、透明になったら火からはずし、冷ます。

2 鍋に湯を沸かし、白菜をゆでて冷水にとり、みじん切りにして水けをしっかり絞る。

3 大葉をみじん切りにする。

4 ボウルにひき肉、**1**～**3**とAを入れ、粘りが出るまでよく練る。

5 餃子の皮のふちに薄く水をぬり、**4**をのせて折り合わせてひだを寄せながら包んでとじる。

6 フライパンにサラダ油を熱し、**5**を並べ、水80ccを注ぎ、ふたをして中火で蒸し焼きにする。水がなくなったらふたをとり、こんがりと焼き色がつくまで焼く。

☞ 玉ネギを炒めすぎないのがポイント。

いかにんじん

古くから福島北部の正月の膳に欠かせない保存食。

酒のつまみ、ご飯のお供にもピッタリ！

材料（2人分）

- ◆スルメ……10g
- ◆きざみ昆布……5g
- ◆酒……大さじ1と小さじ1
- ◆にんじん……50g（1/3本）

A
- 濃口醤油……小さじ2
- みりん……小さじ2
- 水……小さじ2

つくり方

1 スルメをはさみで2mm幅、長さ5cmに切る。
2 ビニール袋にスルメと酒を入れて空気を抜き、スルメをやわらかくもどす。
3 きざみ昆布は水でさっと洗い、ざるに上げておく。
4 にんじんは2mm幅、長さ5cmの拍子木切り（マッチ棒くらい）にする。
5 鍋にAを入れて沸かし、**3**と**4**を加えて、にんじんの臭みを取るようにさっと煮て火をとめる。にんじんのシャキシャキ感は残すように。
6 **5**が冷めたら**2**を入れ、混ぜ合わせてできあがり！

いかにんじんは、昔から寒くなってくると家庭でつくられてきました。酒のアルコールが保存に効果を発揮します。

一晩寝かせると、さらにおいしくなります。

お子様向けには、酒を沸かして、冷ましてから使うとよいでしょう。

お好みで、赤唐辛子を加えると美味。

サバのぽうぽう焼き

漁師が船の上で食べていた、いわきの郷土料理。
オメガ3が豊富な、W杯の勝負レシピ！

材料（5個分）

- 脂ののった新鮮なサバ（切り身）……150g（2切れ）
- にら……30g
- 長ネギ……30g
- しょうが……少々
- 味噌……大さじ1
- A
  - 卵……1/3個
  - 水……卵と同量
  - 薄力粉……20g
- サラダ油……大さじ1

つくり方

1 サバは小骨があれば除いて、1cmの角切り、にらは1cm長さ、長ネギは粗みじん切り、しょうがはみじん切りにする。

2 ボウルに**1**、味噌を入れる。

3 つなぎとなるAを合わせて、**2**に入れ、粘りがでるまで混ぜ合わせる。

4 直径6cm、高さ1cmくらいに丸く形をつくる。

5 フライパンにサラダ油大さじ1を中火で熱して、**4**をヘラで形を整えながら入れ、中火で両面の表面がパリっとなるまで焼いたらできあがり！

にらと長ネギで魚の臭みを消します。
レモン汁をかけて、または七味でいただくのがおすすめ！
サンマやアジなど季節ごとの旬の青魚でどうぞ。
魚嫌いのお子さまにも！

こづゆ

海の幸山の幸を取りあわせて煮込んだ、
会津の家庭に代々伝わるハレの日のお椀。

材料（2人分）

- さといも……40g（1/2個）
- にんじん……20g（1/6本）
- 干ししいたけ……小1枚
- 干し貝柱……2個
- きくらげ……2g
- しらたき……20g
- 玉麩……2g
- A 薄口醤油……小さじ2/3
- A 濃口醤油……小さじ2/3
- A 塩……0,5g

つくり方

1 さといもは、皮をむいて5mm角のさいの目切りにし、熱湯で軽くゆでる。
2 にんじんは5mm角のさいの目切りにして熱湯で軽くゆでる。
3 干ししいたけは、50ccのぬるま湯に2時間以上つけてもどし、軸を取り5mm角のさいの目切りにする。もどし汁はとっておく。
4 干し貝柱は、180ccのぬるま湯に2時間以上つけてもどし、細かくほぐす。もどし汁はとっておく。
5 きくらげは水につけてもどし、5mm角の色紙切りにする。
6 しらたきは熱湯で軽くゆで、アク抜きをし、1cmの長さに切る。
7 玉麩はぬるま湯でもどして、形をくずさないように絞る。
8 鍋に貝柱としいたけのもどし汁を入れ、水180ccを加える。
9 **1**～**6**を**8**に入れ、中火で煮る。
10 沸騰したらAを入れ、玉麩を入れて、ひと煮立ちさせて完成！

☞ もともとは会津藩の武家料理だった「こづゆ」は、「ざく煮」「煮肴」とも言われます。貝柱の上品な味としいたけのグアニル酸が重なって、えもいわれぬ深い味わい！
干ししいたけと干し貝柱は、前日の晩から水につけてもどしておくと楽です。

マミーすいとん

トルシエ監督が名付け親の、楢葉町のすいとん。
子どもから大人まで皆に人気の、野菜たっぷりヘルシー料理！

材料（2人分）

- ◆すいとん粉……70g
- ◆干ししいたけ……1枚
- ◆鶏もも肉……50g
- ◆にんじん……50g（1/3本）
- ◆ごぼう……40g
- ◆長ネギ……20g
- ◆だし汁（かつおと昆布）……270cc
- A 薄口醤油……大さじ1
- A 酒……小さじ2
- A みりん……小さじ1
- ◆季節の香り菜、三つ葉、セリなどあれば

つくり方

1 干ししいたけは、200ccのぬるま湯に2時間以上つけてもどし、軸を除いて薄切りにする。もどし汁はとっておく。

2 鶏もも肉は一口大に切り、にんじんはいちょう切りに、長ネギは斜め切りにする。ごぼうは皮をこそげ取り、斜め切りにして水にさらし、水けを切る。

3 鍋に**1**のもどし汁と干ししいたけ、だし汁を入れる。

4 **3**に**2**と酒を入れて中火にかけ、アクが出てきたら丁寧にとりながら、弱火で煮る。

5 **4**を煮ている間にすいとん生地をつくる。ボウルにすいとん粉を入れ、水50ccを少しずつ加え、耳たぶくらいのやわらかさになるまでこねる。

6 鍋に湯を沸かし、**5**を一口大にちぎって入れる。中火で煮て、すいとんが浮いてきたら、火が通った合図。鍋から取り出す。

7 **4**に**6**のすいとんを入れ、Aを加え、切った長ネギを入れてひと煮立ちさせる。三つ葉を加えて、できあがり！

☞ 薄口醤油を味噌に変えると、ちがう味わいが楽しめます。
具に季節の野菜を加えてもOK。

西さんへのメッセージ

西さんと深くかかわる方々に、メッセージをお寄せいただきました。

鹿島アントラーズ・東北人魂
小笠原満男選手

西さんには鹿島アントラーズの夏合宿、そして日本代表の海外遠征でとてもお世話になってきました。岩手県・盛岡出身の僕は西さんと同じ東北生まれ、東北育ちで、わかりあえる部分があったように思います。

震災後、「西さんとJヴィレッジはどうなったんだろう」とずっと気になっていました。Jヴィレッジが原発事故の対応拠点になったと知って、何もあそこが拠点でなくてもいいんじゃないかという思いが最初はありました。あんなに充実したトレーニング施設は他にありませんから。多くの人たちが避難している中、西さんがJヴィレッジに戻ったと知りました。そしてJヴィレッジを訪れたとき、「作業員の人たちが冷たいご飯を食べて一生懸命頑張っていたから、温かいご飯を出してあげたかった」と西さんから聞いて、涙が出そうになりました。

ピッチに砂利が敷かれて駐車場になったり、鉄板が敷かれたりしたJヴィレッジの風景にショックを受けた一方で、作業員の方が身体をはって仕事をしているんだと実感しました。ここがその方々の拠点になっているのは、誇らしいことなのではないかとも思ったのです。その作業員の方々を西さんが食事の面で支えている。ショックであり、誇らしい。複雑な思いが僕の中にはありました。

日本代表の海外遠征では、選手にしかスポットライトは当たらないけれど、西さんや裏方で働くスタッフに支えられて初めて選手たちは戦える。西さんの大変な苦労を選手たちはほとんど知りません。当たり前に食べて、当たり前にごちそうさまをする。でも決して当たり前ではなくて、本当はものすごくありがたいことです。西さんは今まで日本代表を支えてきた一人であり、原発作業員の方たちのことも、こうして陰で支えている。西さんはやっぱりすごい人だと改めて思いました。

Ｊヴィレッジに戻る決断をした西さんを、僕はすごく素敵だと思い、尊敬しています。僕も何か西さんの力になりたいという思いが強くなって。西さんには感謝の一言しかありませんし、少しずつでも恩返しをしていきたいと思っています。

僕らは「東北人魂」で活動をしていますが、西さんは〝東北人魂〟を誰よりも体現している人。多くの人に西さんのことを知ってほしいです。

Ｊヴィレッジに行って西さんの姿を見るたびに、僕も頑張らなきゃ、と思います。

Ｊヴィレッジでまたサッカーができるようになったら、鹿島アントラーズの合宿をさせてください。合宿の練習はきつくて嫌だけど、西さんのおいしいご飯を食べて乗り越えます。それまでは、現役で頑張ると約束します。西さんも、それまでＪヴィレッジで頑張り続けてくださいね。

Jヴィレッジ取締役統括部長
小野俊介さん

西さんの料理で一番感激したのは、二〇〇四年に女子代表（なでしこジャパン）の合宿をJヴィレッジで三週間行なったときのことです。アテネ五輪の出場権がかかる予選に向けての合宿でした。その当時私はチームのスタッフだったのですが、三週間もいれば、選手やスタッフたちは合宿の食事に飽きてくるのが普通です。ところが西さんは、毎晩違う鍋料理を出して、時々目の前でお寿司を握ったり、ライブクッキングをしてくれて、みんなにとって食事が楽しみの時間になり、最高の合宿になりました。おかげで無事予選を突破し、本大会でも初めて決勝トーナメントに進出できたのです。

震災の日、白衣にジャンバーを着込んだ西さんは、Jヴィレッジの体育館の入り口でスタッフにテキパキと指示して、炊き出しを仕切っていました。ガスボンベの上に乗せた寸胴鍋が余震のたびに大きく揺れて、私はそれがとても怖かったことを憶えています。西さんは毅然とした態度でうどんをつくり続けて、一人ずつに渡してあげていましたが、そのときの西さんの姿がすごく凛々しくて、強く心に残っています。日本代表のシェフコートを着て料理しているときよりもかっこよかったと思います。

震災後、東京で西さんに会った時にJヴィレッジに戻ると聞いて、西さんらしい決断だな、と思いました。私も戻りたいなと少しうらやましく思いました。

二〇一三年七月、Ｊヴィレッジの取締役統括部長として赴任することが決まりました。毎日のように館内のレストラン「ハーフタイム」で食事をするようになって、普段の生活に戻れた感じがしました。

西さんの料理は何だかホッとできるのです。日替わりでおいしいし、魚、肉、野菜と栄養のバランスが良い食事ができる。それに、何よりＪヴィレッジの雰囲気を温かくしています。そういう意味でも西さんの存在の大きさを感じています。

震災前まで、日本サッカー強化の役割を果たしてきたＪヴィレッジは、二〇一八年を目処にサッカーのトレーニングセンターとしての姿を取り戻し、これまで以上の施設になることを目指していかねばなりません。

スポーツに欠かせない最高の食事を提供できる西さんは、重要なキーパーソン。私もＪヴィレッジの再開に向けて、全身全霊、このミッションに取り組んでいきますので、ぜひ力をあわせて頑張りましょう。

ただ、今の西さんは朝から晩まで、サッカー選手にたとえると一日四セッションのトレーニングをこなすくらい働いているので、体をこわさないか心配です。あまり無理をしないでくださいね。

ガンバ大阪・東北人魂
今野泰幸選手

僕が最初に西さんに会ったのは、二〇〇五年七月、韓国で開催された東アジアサッカー選手権だったと思います。ジーコ監督のもとで初めて代表のメンバーに選ばれたときでした。僕は宮城県出身で、西さんは福島県出身。東北人同士ということもあって、自然と声を掛け合うようになりましたね。

西さんの料理は、おいしいのはもちろんですが、いろいろ工夫して僕らが好きなものをアレンジして入れてくれるので助かります。

一番驚いたのは、W杯南アフリカ大会で牛タン焼きが出てきたこと。南アフリカでまさか大好物の牛タン焼きが食べられるとは！　それも目の前で焼いてくれて、かなりテンションが上がりました。こうした〝サプライズ・メニュー〟はとてもうれしいですし、出すタイミングもバッチリ。ラーメンも毎回楽しみです。

最近、選手たちの間ですごく人気なのが「タラコクリームパスタ」。ものすごくおいしくて、西さんに「今日のパスタは何ですか？」と聞いて「タラコクリームです」と答えが返ってくると、チームは俄然盛り上がります。海外遠征中は、食事が数少ない楽しみの一つ。西さんの食事で楽しめているからこそ、リラックスできています。

試合に負けてしまっても、西さんの「次ですよ。次、お願いしますよ」という言葉と、試合後のカレーに元気づけられています。

海外での試合は、選手たちにとってはもちろんアウェイになりますが、西さんは常に一人で厨房に乗り込んでいって、現地のシェフにいろいろ指示を出して食事をつくっている。毎回完全アウェイの中で戦っていて、本当にすごいと思います。

W杯予選の北朝鮮での試合では、食材を持ち込めなかったのに、いつも通りにいろいろとおいしい食事をつくってくれて、いつも通りに試合に向かうことができました。西さんがいれば、海外のどんな試合でも安心です。

震災後、Jヴィレッジが原発事故の収束に向けた活動拠点となったことには、大きなショックを受けました。そのJヴィレッジに西さんが戻って、頑張り続ける姿は、すごくかっこいい。僕自身、Jヴィレッジには小さい頃からよく通っていましたし、プロになってからもよく利用していたので、いつかまたJヴィレッジでサッカーをしたいという思いが強くあります。もし僕に何か協力できることがあったら、お手伝いしたいと思っています。

これまで、結果が出なくて苦しい時のつらさも、西さんとは一緒に味わってきました。W杯ブラジル大会では、一緒に全力で戦って、喜びを爆発させられるような結果を残したいです。

日本サッカー協会代表チーム総務
津村尚樹さん

震災の時は、福島にいる西さんのことがとにかく心配で、「大丈夫ですか?」と何度も聞いて、「くれぐれも気をつけてください」ということくらいしか言えませんでしたが、そのあとも西さんの状況をずっと心配していました。

西さんがJヴィレッジに戻ってからは、かなり無理をしているんじゃないかと思い、些細なことでも何か力になりたいと、スタッフの誰もが思っていました。選手たちからも、「西さんはどんな状況ですか?」「何か協力できることがあったら言ってください」とよく言われて、皆が気にかけていました。

西さんが会社を辞めて独立した後も日本代表の帯同の仕事を続けられそうだと聞いた時は、本当にうれしかったです。今の日本代表専属シェフは、西さん以外に考えられません。

W杯予選のなかでも、アウェイの試合の準備は苦労が多かったですね。でも西さんは、いかなる状況に置かれようとも、選手やスタッフが安心して食べられるおいしい食事を提供してくれます。場所によっては食材がうまく手に入らないこともあります。それでも西さんなら、そのなかで必ず何とかしてくれる。現地のものが日本人の口に合わなければ、手を加えて合う味にしてくれるので、選手たちが食べられないということもなく、安心です。どんな場所でも、食べ慣れている味にできるところが西さんのすごいところです。

もう一つ、西さんのすごいところは、コミュニケーション能力がずば抜けていることです。そうでないと、外国の厨房に一人で入っていって、どこの国であろうと言葉の壁を越えて、現地のシェフたちを惹きつけることはできません。

そして何よりも西さんがつくる食事には、気持ちが入っています。前向きなエネルギーが一つ一つの料理に表われていると感じます。ライブクッキングのときの選手への声のかけ方も、食事会場の雰囲気を明るくしてくれている。海外の厳しい環境の中で試合をやらなくてはいけないときに、チームの雰囲気を上げるために果たしている役割はとても大きいのです。

海外遠征での西さんの仕事は、とてつもなく大変です。一日三食を一人でつくり、仕込みから調理、食卓の準備、ライブクッキング、片付け、次の準備まで、拘束時間がものすごく長くて、朝もダントツに早く起きなければいけません。大変さをいろいろなところで感じるので、西さんの負担を少しでも減らせるようにしたいと思っています。

目の前には、W杯ブラジル大会が待っています。西さんをはじめ、選手・スタッフ皆がひとつになって臨みたい。いい結果を出せるよう準備をして、この世界最大級のイベントを一緒に楽しみ、そして一緒に喜びを分かち合いたいと思っています。

広野町議会議員・二ツ沼直売所組合副組合長
塩史子さん

Ｊヴィレッジのレストランには以前から友人たちと食事やお茶に行っていましたから、震災・原発事故後、料理長の西さんが避難先から戻ってきてレストラン「ハーフタイム」を再開したと聞いて、驚くと同時にとてもうれしく思いました。

私たちの住んでいる広野町は温暖な気候に恵まれ、稲作が中心ですが、畑作もさかんです。玉ネギも主要産品の一つです。

玉ネギは秋に定植し、翌年の初夏に収穫します。誰もが原発事故など予想もしていなかったために、二〇一〇年も例年通り作付けしてありました。二〇一一年初夏に収穫後、玉ネギの放射性物質検査をして安全性が確認されたにもかかわらず、農家の納屋には玉ネギが山積みになっていたのです。直売所等は全て警戒区域にあり、営業していないので、売る場所がなく、生産農家の人たちはとても困っていました。そのことを西さんに相談してみると「しっかり検査して安全性が確認されているのだから僕が使います」と言って、快く五〇～一〇〇ｋｇ単位での注文をいただきました。途方に暮れていた農家を救ってくれた西さんにはとても感謝しています。農家の方々の生産意欲を失わずにすんだことがとてもよかったですし、二〇一三年七月に「広野町二ツ沼直売所」を再オープンすることにつながったと思っています。

私たち直売所の組合員たちは、西さんに料理指導を受けながら、さまざまなイベントに一緒に参加してきました。いわき市で行なわれた復興祭では「広野町産の食材を使って出店してほしい」と主催者から要望があり、西さんは広野産玉ネギと合びき肉の「玉ちゃん餃子」を考えてくれました。それが飛ぶように売れたのには驚きました。こんなアイデアがすぐに出てくるのは、さすが料理長西さんだと感心もしました。西さんにはいろいろな面で助けられています。

町のシンボルである広野町二ツ沼総合公園に西さんが「アルパインローズ」をオープンしたことは、町の復興に向けてとても意味のあることです。西さんから開店準備を手伝ってほしいと頼まれ、組合員たちに声をかけたら「西さんの頼みなら、一肌脱ぐよ」とすぐに集まってくれました。西さんのお店は、メニューの一つ一つどれをとってもおいしいので、いろいろなグループの会食でもよく利用しています。

二ツ沼総合公園のパークゴルフも再開して、少しずつ、町に活気が戻ってきたように感じています が、Jヴィレッジも以前のようにサッカー施設として再生してほしいです。広野町はJFAアカデミーの中・高校生を受け入れているサッカーの町。役場職員は日本代表の試合があるときは、日本代表のユニフォームを着て執務をしています。私でさえJヴィレッジが建設されてからサッカーに興味をもち、深夜の試合でもテレビの前で応援するようになりました。W杯も日本代表のユニフォームを着て応援しようと思っています。

料理長の西さんもサッカーも、広野町にとってはとても大事な存在。近い将来、アカデミーの生徒たちも戻ってきて、広野が再び〝サッカーの町〟になることを願っています。

福島県田村郡三春町斎藤里内団地
永沢利子さん

二〇一三年一月、三春町でのイベント「すいとん街道」ではお世話になりました。あのあと、西さんからごんぼっぱもちと生芋こんにゃくの注文をいただいたときには、とてもうれしくて、皆で喜びました。西さんは雲の上のような人ですから。震災後もごんぼっぱもちをつくってきてよかったと思いました。仮設住宅にまで来てくださって、本当にありがたく、心から感謝しています。

西さんのレストラン「アルパインローズ」のメニューに加えていただいたごんぼっぱもちのデザートは、やわらかくてホットケーキのようで、とてもおいしかったです。今までにない、ごんぼっぱもちの新しい食べ方でした。今度まねをしてつくってみたいと思います。

西さんのことを知ってから、サッカーも見るようになりました。W杯も皆で応援します。大変だと思いますが、くれぐれもお身体にお気をつけて、頑張ってください。

今後もさまざまな方面でのご活躍を期待しています。

Information

すいとん街道

問い合わせ先：福島県相双地方振興局　Tel:0244-26-1117　Fax:0244-26-1120

新会津伝統美食研究会

問い合わせ先：〒 965-0042 福島県会津若松市大町 2 丁目 14-8 スズカンビル 103
Tel:0242-23-7900　Fax:0242-23-7901　http://aizubishoku.com

としちゃんの「ごんぼっぱもち」「生芋こんにゃく」

注文先：〒 963-7723 福島県田村郡三春町大字斎藤字里内 122-1 斎藤里内団地 5-5
永沢利子　　※材料が終了した場合には翌年の販売になります。

広野町二ツ沼直売所

〒 979-0400 福島県広野町大字北迫字大谷地原 67-3
（二ツ沼総合公園近く、国道 6 号線の脇）
Tel:0240-27-4033　営業時間 9：00 ～ 13：00（月曜定休）

広野町レストラン アルパインローズ

〒 979-0402　福島県双葉郡広野町大字下北迫字二ツ沼 46-1
Tel & Fax：0240-27-1110
休 月曜定休
営（昼）11:30 ～ 13:30（ラストオーダー 13:00）
（夜）18:00 ～ 22:30（料理ラストオーダー 21:30、ドリンク 22:00）
＊金・土・日曜祝日は昼のみの営業
P 50 台
http://www.alpinerose.jp

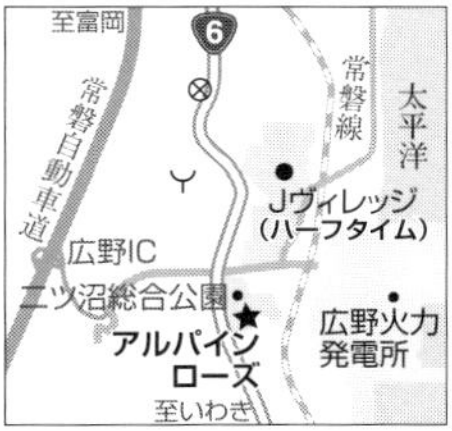

J ヴィレッジレストラン ハーフタイム

〒 979-0513　福島県双葉郡楢葉町山田岡美シ森 8　J ヴィレッジ内
＊ランチタイムは一般の方もご利用いただけます。
営【月～金】11:00 ～ 14:00（ラストオーダー 13:30）
【土日祝】11:00 ～ 13:30（ラストオーダー 13:30）

＊ 2014 年 4 月時点の情報です。

［図版クレジット］

p.12
地図協力：株式会社地理情報開発

p.13,49,53,57,68,71,73,76,78,85,88,91,94,103,119,
121,124,149,160,163,172,173,183,185,191,193,196,228
撮影：高須力

p.61,63
写真提供：共同通信社

p.100
写真提供：時事通信社

p.176
写真提供：新会津伝統美食研究会

［著者略歴］

1962年福島県南相馬市生まれ。高校卒業後に上京し、京懐石などの料理店で和食の修業を積む。97年、福島県楢葉町のナショナルトレーニングセンター、Jヴィレッジのレストランに勤務。99年、総料理長に就任。2004年3月、シンガポールで行なわれたW杯ドイツ大会アジア地区予選にサッカー日本代表の専属シェフとして初めて帯同。以来、W杯ドイツ大会、W杯南アフリカ大会も含めた日本代表の海外遠征試合に帯同し、選手やスタッフに食事を提供する役割を担う。

2011年、東日本大震災で被災し、一時避難していたが、原発事故の対応拠点となったJヴィレッジに戻り、9月にレストラン「ハーフタイム」の営業を再開。作業員に温かい食事をつくり続けている。同年11月に広野町二ツ沼総合公園にレストラン「アルパインローズ」をオープンした。震災後もサッカー日本代表の海外遠征試合に帯同し続け、W杯予選を戦うザックジャパンの選手たちを食で支えてきた。2014年W杯ブラジル大会にも帯同する。

著書『サムライブルーの料理人――サッカー日本代表専属シェフの戦い』（白水社）、『世界と闘う　サムライブルーの必勝ごはん』（家の光協会）。

サムライブルーの料理人　3・11後の福島から

2014年　5月15日 印刷
2014年　6月　5日 発行

著者　©西芳照《にしよしてる》
発行者　及川直志
発行所　株式会社白水社
〒101-0052
東京都千代田区神田小川町3-24
電話　営業部　03-3291-7811
　　　編集部　03-3291-7821
振替　00190-5-33228
http://www.hakusuisha.co.jp
印刷所　株式会社理想社
製本所　株式会社松岳社

乱丁・落丁本は、送料小社負担にてお取り替えいたします。

ISBN978-4-560-08355-0　Printed in Japan